La gravité en droit international pénal

BIBLIOTHÈQUES DE DROIT

COLLECTION FONDÉE ET DIRIGÉE PAR JEAN-PAUL CÉRÉ

Cette collection a pour vocation d'assurer la diffusion d'ouvrages scientifiques sur des thèmes d'actualité ou sur des sujets peu explorés dans le domaine des sciences juridiques. Elle se destine notamment à la publication de travaux de jeunes chercheurs.

Dernières parutions :

C. MÉNABÉ et J. LEONHARD (dir.), *Réinsérer les femmes et les mineurs face au soupçon de danger terroriste.*
P. KEUBOU, *La procédure pénale au Cameroun.*
C. MENABE et J. LEONHARD (dir.), *Femmes, mineurs et terrorisme.*
J. FALXA (dir.), *Coopération judiciaire internationale en matière pénale. France, Brésil, Suriname*
N. JOUENNE-PEYRAT, *L'encadrement pénal de la prostitution des mineurs.*
J-P. CERE, *Droit disciplinaire pénitentiaire, 2e édition*, 2020.
A. CHARRUAU, *L'avenir du juge unique.*
M. MANET, *Le devenir juridique de la dignité. Une étude de la Charte africaine des droits de l'homme et des peuples.*
M. GALIMMARD, *L'incrimination de la zoophilie.*
M. PELTIER-HENRY, *Le droit pénal à l'épreuve des neurosciences.*
T. TOUZEAU, *Recel et blanchiment. Nouvelles sources de cumul de qualifications.*
H. CAPPADORO, *Les sens de la peine.*
M. BONNARD, *Le statut juridique de l'assistance médicale à la procréation.*
C. LE ROUX, *L'infraction politique.*
E. MANGIN, *L'univers carcéral, la mère détenue et son enfant.*
P. LAURENT, *L'incohérence des lois de circonstances en matière pénale.*
P. GOASDOU, *L'impartialité du ministère public.*
M. GERMAIN, *Essai sur l'influence du pédophile à l'égard du silence des tiers.*

Méline DOS SANTOS

La gravité en droit international pénal

Une notion insaisissable et instrumentalisée

L'Harmattan

5-7, rue de l'École polytechnique, 75005 Paris

www.harmattan.fr

ISBN : 978-2-14-031503-9

EAN : 9782140315039

REMERCIEMENTS

Je souhaite adresser mes remerciements les plus sincères à mon directeur de mémoire, Monsieur Thomas Herran, pour son accompagnement d'une grande qualité tout au long de la préparation de ce travail. Son écoute, ainsi que ses conseils, m'ont été d'une grande aide.

Je remercie également les responsables du Master Droit pénal international et européen de l'Université de Bordeaux, Madame Marion Lacaze et Monsieur Thomas Herran, ainsi que la responsable du Master Droit pénal international et européen de l'Université de Pau et des Pays de l'Adour, Madame Guillemine Taupiac-Nouvel, pour m'avoir permis d'intégrer cette formation très enrichissante.

Enfin, je tiens à remercier Leïla Saint-Martin pour sa relecture, ainsi que Eva Saint-Cricq, pour nos échanges lors de l'élaboration de nos mémoires respectifs.

PRINCIPALES ABREVIATIONS

Art.	Article
BdP	Bureau du Procureur
CIJ	Cour Internationale de Justice
Ch.	Chambre
Ch.Prél.	Chambre préliminaire
CPI	Cour Pénale Internationale
Ibid.	Ibidem (le même que)
Infra	Ci-dessous
NU	Nations Unies
ONU	Organisation des Nations Unies
op.cit.	Opere Citato (déjà cité)
Supra	Ci-dessus
TMI	Tribunal Militaire International
TPIR	Tribunal Pénal International pour le Rwanda
TPIY	Tribunal Pénal International pour l'ex-Yougoslavie

INTRODUCTION

1. « *Travailler sur la gravité, c'est accéder à toute la subjectivité du droit pénal* » [1]. La gravité est une notion abondamment utilisée pour qualifier des agissements ou des événements qui interpellent. En ce sens, la gravité se rapporte communément à ce qui est très important, d'une grande portée, ce qui peut avoir de lourdes conséquences[2]. Dès lors, la gravité apparaît être une notion extrêmement large, à laquelle peuvent se rattacher de nombreuses autres notions. Celle-ci semble également pouvoir renvoyer à la grandeur, qui se définit comme le caractère de ce qui est grand par ses dimensions, ce qui dépasse la norme ou la mesure ordinaire[3]. La gravité semble également s'apparenter à l'importance, qui peut correspondre non seulement à un ordre de grandeur, de quantité ou d'intensité, mais aussi au fait que quelque chose compte, joue un rôle plus ou moins décisif[4]. Divers autres synonymes peuvent être ajoutés à cette liste non exhaustive, tels que l'ampleur qui renvoie à l'étendue ou l'importance[5], ou encore l'intensité, puisque le mot « *intense* » se définit comme « *quelque chose qui se manifeste ou se fait sentir avec une importance particulière, mais non susceptible de mesure directe* » [6]. La gravité semble donc correspondre à

---

[1] ALIX Julie et DARSONVILLE Audrey, *Gravité et droit pénal,* Mare & Martin, 2021, p.19.

[2] Dictionnaire en ligne du Centre national de ressources textuelles et lexicales. http://www.cnrtl.fr ; définition de « *gravité* ».

[3] *Ibid.*, définition de « *grandeur* » .

[4] *Ibid.*, définition « *importance* ».

[5] *Ibid.*, définition « *ampleur* ».

[6] *Ibid.*, définition « *intense* ».

la fois à un outil de mesure, mais également au résultat de cette mesure.

2. La notion de gravité apparaît donc viser des hypothèses particulières, qui attirent le regard, du fait de leurs conséquences importantes, mais également du fait de leur caractère exceptionnel. En effet, le terme « *exceptionnel* » vise notamment « *ce qui n'est pas inclus dans la règle générale* » [7]. La gravité, ainsi que les autres notions qui peuvent s'en rapprocher, semble caractériser des cas particuliers, spécifiques, différents de l'ordinaire, faisant ainsi exception à ce qui est présenté comme commun ou normal[8]. Ainsi, ce sont très souvent les événements meurtriers de grande ampleur qui sont qualifiés de la sorte, ou encore, les agissements criminels qui choquent particulièrement l'opinion publique, de tels comportements faisant exception à ce qui relève de l'ordinaire. Or, ce caractère exceptionnel, qui peut être rattaché à ce qui est qualifié de grave, ne manque pas de rappeler le caractère exceptionnel du droit pénal, celui-ci étant contraint par le principe de nécessité de la loi pénale, puisque « *tout acte d'autorité d'homme à homme qui ne dérive pas d'une nécessité absolue est tyrannique* » [9]. La gravité semble donc jouer un rôle en droit pénal.

3. La notion de gravité est cependant une notion subjective, au sens où son appréciation porte l'empreinte ou le sceau de son auteur[10]. En effet, la gravité d'une situation peut dépendre de la manière dont cette situation est perçue

---

[7] *Ibid.*, définition « *exceptionnel* ».

[8] *Ibid.*, définition « *ordinaire* ».

[9] BECCARIA Cesare, *Des délits et des peines*, publié en 1764, version : GF Flammarion, 1991, p. 63.

[10] CORNU Gérard, *Vocabulaire juridique*, 13ème édition, PUF, 2020, définition de « *subjectif* ».

par une personne ; mais la perception d'une même situation peut également varier dans le temps et dans l'espace. La gravité n'est donc pas une notion neutre, et peut être variable. Dès lors, affirmer que cette notion joue un rôle en droit pénal peut apparaître surprenant. En réalité, la gravité semble être la source de la subjectivité du droit pénal. En effet, s'il semble que la gravité peut désigner des agissements exceptionnels, cela peut permettre également de désigner les hypothèses dans lesquelles le droit pénal pourra alors exceptionnellement intervenir. Ainsi, la gravité semble irriguer la politique criminelle entendue au sens large, c'est-à-dire comme « *l'ensemble des procédés par lesquels le corps social organise les réponses à la criminalité* » [11]. Lorsque des lois pénales sont élaborées par le législateur, celui-ci est nécessairement influencé par le contexte social, mais également par la position de l'opinion publique, qui sera plus ou moins interpellée par la gravité de certains agissements. La politique criminelle semble donc exprimer une appréciation subjective de la gravité, et de cette politique criminelle résulte notamment le choix d'ériger certains comportements en infractions pénales. C'est ainsi que seuls des agissements suffisamment graves peuvent être érigés en infractions pénales, puisque leur caractère exceptionnel permet de satisfaire le principe de nécessité de la loi pénale.

4. Ce constat d'une influence de la gravité sur l'élaboration de la politique criminelle implique ensuite une influence de celle-ci sur de nombreuses notions de droit pénal. Or, si la gravité semble avoir pour rôle la sélection des comportements pour lesquels il apparaît nécessaire d'en faire des infractions pénales, cela n'est qu'une déduction

---

[11] Définition de Mireille Delmas-Marty, voir : DELMAS-MARTY Mireille, *Les grands systèmes de politique criminelle*, PUF collection *Thémis*, 1992.

implicite. La gravité apparaît en effet irriguer l'ensemble du droit pénal, sans que son rôle ne soit jamais véritablement explicité, ni défini. Il reste que la gravité apparaît être le critère de l'incrimination pénale[12]. En effet, « *l'incrimination d'un acte dépend toujours d'un jugement de gravité fondé sur des catégories morales dominantes dans une société donnée* » [13], ce qui montre que la gravité apporte une coloration subjective au droit pénal. Mais surtout, cela signifie que c'est en mesurant la gravité d'un comportement, et des risques que ce comportement implique pour l'ordre social, qu'une infraction est créée. Le critère de gravité pour incriminer un comportement semble également permettre de légitimer l'intervention du droit pénal, puisque la gravité d'un comportement peut résulter de la réaction sociale que celui-ci génère. Tout cela semble en réalité indiquer que c'est au travers de l'intérêt juridique protégé, ou la valeur protégée par une infraction, qu'apparaît le marqueur de la gravité[14]. La gravité se mesurerait donc au regard de la valeur atteinte ; c'est pourquoi les infractions portant atteinte à la vie sont considérées plus graves que les infractions portant atteinte à la propriété par exemple.

5. Ainsi, la gravité apparaît constituer un outil de mesure en droit pénal. Cela semble se confirmer par le fait que la gravité est visée par l'article 111-1 du Code Pénal. En effet, cet article dispose que « *les infractions pénales sont classées, suivant leur gravité, en crimes, délits et*

---

[12] A ce sujet, voir : CARTUYVELS Yves, « La gravité au cœur du droit pénal, un détour par l'histoire de la pensée pénale moderne » , in ALIX Julie et DARSONVILLE Audrey, *Gravité et droit pénal*, *op. cit.*, p. 23.
[13] *Ibid.*, p. 27.
[14] A ce sujet, voir : PARIZOT Raphaële, « Gravité et théorie des biens juridiques protégés » ,in ALIX Julie et DARSONVILLE Audrey, *Gravité et droit pénal*, op. cit., p. 103 et s.

contraventions » [15], ce qui semble ajouter au rôle de sélection des comportements incriminés par la gravité, un rôle de classification de ces mêmes comportements. Des occurrences de la gravité se retrouvent également lorsqu'il est question des peines aggravées, et des circonstances aggravantes. Dans ces hypothèses, il apparaît que des comportements, déjà considérés comme graves pour être érigés en infraction pénale, peuvent devenir plus graves encore du fait de leurs modalités de commission. Ainsi, la gravité semble également jouer un rôle dans la détermination des peines, afin notamment de mesurer la proportionnalité de la sanction pénale. Il s'agira pour cela de mesurer la gravité d'un comportement, pour lui attribuer la sanction la plus adéquate, compte tenu de la gravité de ce comportement. Enfin, la gravité semble également permettre de déterminer la durée au-delà de laquelle l'action publique est prescrite[16], car en effet, ce sont les crimes les plus graves qui bénéficient du délai de prescription le plus long[17].

6. Ainsi, la présence de la gravité en droit pénal apparaît importante. Cependant, « *la gravité est ressentie, mais ni conceptualisée, ni même objectivée* » [18]. Cette notion n'est en effet jamais explicitée, ni définie, et son caractère subjectif et variable la rend d'autant plus insaisissable. Or, cela apparaît véritablement problématique lorsque sont dégagées d'autres utilisations de la gravité en matière

---

[15] Article 111-1 du Code Pénal.

[16] A ce sujet, voir : VERNY Edouard, « Gravité de l'infraction et prescription de l'action publique » , in ALIX Julie et DARSONVILLE Audrey, *Gravité et droit pénal*, Mare & Martin, 2021, p. 219 à 224.

[17] Par exemple, l'article 7 du Code Pénal indique que l'action publique des crimes se prescrit par vingt ans, alors que l'article 8 du même Code indique que l'action publique des délits se prescrit par six ans.

[18] ALIX Julie et DARSONVILLE Audrey, *Gravité et droit pénal,* Mare & Martin, 2021, *op. cit.*, p.18.

pénale. En effet, la gravité a pu être utilisée de façon à permettre des dérogations. D'une part, c'est cette notion de gravité qui est souvent invoquée pour justifier le développement d'une procédure pénale spécialisée, qui peut être qualifiée de dérogatoire. C'est le cas de la spécialisation de la procédure pénale en matière de criminalité organisée, mais surtout, en matière de terrorisme, comme a pu le confirmer le Conseil Constitutionnel en renvoyant à « *la gravité toute particulière du terrorisme* » pour confirmer la proportionnalité d'une peine[19]. Or, ces procédures dérogatoires soulèvent de nombreuses questions, notamment en ce qu'elles semblent comporter des risques quant à la garantie des droits des justiciables. En effet, la spécialisation de la procédure pénale rend très difficile d'accès les règles procédurales mais surtout, cette procédure met en place des actes d'enquête extrêmement intrusifs dans la vie privée des individus. Or, tout cela serait justifié par la gravité particulière afférente à ces crimes, qui bénéficient d'une procédure pénale dérogatoire.

7. Mais ce n'est pas la seule dérogation que semble permettre l'utilisation du critère de gravité. En effet, d'autre part, « *la gravité permet de contourner la souveraineté du droit de punir* » [20]. L'évolution du contexte international depuis le milieu du XXe siècle a permis la construction progressive de droits pénaux internationaux, alors même que « *d'un point de vue juridique, la souveraineté fonde le droit pénal : l'État dispose en effet du pouvoir pénal du fait qu'il détient, en tant qu'entité souveraine, la compétence de*

[19] Conseil Constitutionnel, décision n°2014-439 QPC du 23 janvier 2015, M.Ahmed S, *Déchéance de nationalité*, considérant 19.
[20] ALIX Julie et DARSONVILLE Audrey, *Gravité et droit pénal,* Mare & Martin, 2021, *op. cit.*, p.19.

la compétence » [21]. Dès lors, le droit pénal, le droit de punir, émane de la souveraineté, et ne devrait en ce sens être reconnu à une entité autre qu'un État. Pourtant, il semble effectivement que la gravité ait permis de contourner la souveraineté du droit de punir en permettant, notamment, le développement d'un droit pénal supranational, à savoir le droit pénal de l'Union européenne. En effet, depuis l'entrée en vigueur du Traité de Lisbonne en 2009[22], l'Union européenne dispose d'une compétence partagée en matière pénale[23]. Or, cette compétence de l'Union semble être justifiée par la gravité, en ce que celle-ci est octroyée notamment pour faire face « *aux domaines de criminalité particulièrement grave* » [24]. Ainsi, la gravité justifierait l'émergence d'un droit pénal supranational, ce qui semble signifier que la seule action des États serait insuffisante pour mener une lutte effective contre l'impunité dans ces domaines de criminalité particulièrement grave[25]. Ce sont des arguments similaires qui semblent justifier la multiplication des compétences extraterritoriales, dans le cadre du droit pénal international, permettant à un État de juger des infractions commises sur le territoire d'un autre État, ou plus largement, des infractions comportant un élément d'extranéité, et ce, selon certaines conditions[26].

---

[21] BEAUVAIS Pascal, « Les mutations de la souveraineté pénale » , in Cohen, Dany and Denis-Linton, Martine and Dupeux, Jean-Yves, *L'exigence de justice: mélanges en l'honneur de Robert Badinter*, Dalloz, 2016, p. 72.

[22] Traité de Lisbonne, signé le 13 décembre 2007, entré en vigueur le 1er décembre 2009.

[23] Art. 83 du Traité sur le fonctionnement de l'Union européenne.

[24] Art. 83-1 du Traité sur le fonctionnement de l'Union européenne.

[25] *Ibid.*, l'article 83-1 vise « *le besoin de les combattre sur des bases communes* » .

[26] Par exemple, la compétence personnelle permet d'appréhender des faits commis à l'étranger, à condition que l'auteur ou la victime soit de la nationalité de l'Etat qui déclenche cette compétence. En France, elle est prévue aux articles 113-6 et 113-7 du Code pénal.

Mais c'est surtout au travers du développement d'une justice pénale internationale, avec la création de juridictions pénales internationales, que la gravité semble jouer un rôle de dérogation à la souveraineté du droit de punir.

8. Le développement de cette justice pénale internationale intervient dans la matière dite de droit international pénal. Or, une première difficulté apparaît, et celle-ci tient à la définition de ce droit international pénal. Il convient en effet d'une part de le différencier du droit pénal international, car si la différence de dénomination apparaît subtile, la distinction entre ces deux matières est pourtant fondamentale. Cette distinction, la doctrine s'en est saisie et semble s'accorder sur le fait que « *le droit pénal international gouverne les rapports de l'État et des particuliers, demandeur et défendeur à tout procès criminel, qui comporte un élément étranger* » [27], tandis que « *le droit international pénal règle les rapports qui prennent naissance à l'occasion d'une affaire de ce genre, entre les État* » [28]. Plusieurs précisions peuvent être apportées. En réalité le droit pénal international concerne des agissements qui vont porter atteinte à l'intérêt propre des États ; ce sera le cas par exemple d'un trafic qui se déroule sur le territoire de plusieurs États, pour lequel chacun de ces États subira une atteinte à son ordre public. À l'inverse, le droit international pénal ne porterait pas atteinte aux intérêts propres des États, mais plutôt à l'ensemble de la communauté internationale. De plus, là où le droit pénal international semble plutôt relever du droit national, puisqu'il s'agit en réalité de l'application d'incriminations de droit pénal interne, le droit international pénal apparaît véritablement résulter de l'élaboration de

---

[27] DONNEDIEU DE VABRES Henri, *Les principes modernes du droit pénal international*, Librairie du Recueil Sirey, 1928, p.435.
[28] *Ibid.*

normes au plan international, et ce notamment du fait de l'émergence de juridictions pénales internationales, appliquant des incriminations élaborées au plan international.

9. Ainsi, de ce dernier constat apparaît une nouvelle difficulté, tenant à la nature hybride du droit international pénal[29]. En effet, le droit international pénal semble être le résultat de la jonction du droit international et du droit pénal. Or, d'une part, « *ces deux corps normatifs n'ont pas les mêmes sujets ni, partant, les mêmes finalités : le premier traite de la responsabilité des individus ; le second, de celle des États* » [30]. Mais surtout, ces deux matières ne sont pas régies par les mêmes principes puisque le droit international est guidé par le principe de souveraineté, tandis que le droit pénal est contraint par le principe de légalité criminelle, qui implique notamment qu'il ne peut y avoir d'incrimination ou de peine sans loi, là où le droit international est essentiellement un droit coutumier. Ainsi, le rapprochement de ces deux matières implique des heurts entre les principes fondamentaux de l'une et de l'autre, car « *la souveraineté étatique, quoique dénominateur commun entre droit pénal et droit international, s'oppose à leur rapprochement* » [31]. En effet, le principe de souveraineté exige l'absence d'ingérence dans les affaires des États, et semble ainsi prohiber non seulement l'intervention d'une justice pénale internationale pour connaître de faits commis sur le territoire d'un État, mais également l'élaboration d'incriminations au plan international. De plus, le droit

[29] À ce sujet, voir : BARDET Marie, *La notion d'infraction internationale par nature, Essai d'une analyse structurelle, Bordeaux*, 2020, p.10, §.9.
[30] *Ibid.*
[31] BELLIVIER Florence, EUDES Marina, FOUCHARD Isabelle, *Droit des crimes internationaux*, PUF - Thémis droit, 1er édition, octobre 2018, p. 1.

pénal émanant de la souveraineté, le développement d'un droit international pénal porte nécessairement atteinte à la souveraineté du droit de punir. D'autre part, la nature hybride du droit international pénal pose la question de la source de ce droit. Il n'existe pas de législateur en droit international pénal. Dès lors, le droit international pénal s'est construit au travers de négociations, d'accords de volonté entre les représentants des États ; « *le droit des infractions internationales est ainsi un droit négocié, à l'accent politique appuyé* » [32]. Il apparaît donc aisé de craindre, en droit international pénal, la prise en compte d'intérêts politiques. Et cette crainte apparaît d'autant plus justifiée du fait de l'importance de la gravité dans cette matière.

10. Le droit international pénal peut donc s'entendre comme la matière « *qui définit les crimes internationaux les plus graves et prévoit les modalités de leur répression par les juridictions pénales tant nationales qu'internationales* » [33]. Au sein même de cette définition, apparaît la notion de gravité, ce qui semble montrer que l'existence même du droit international pénal est justifiée par la gravité. Or, cette gravité semble effectivement avoir irrigué l'ensemble de la construction du droit international pénal. En effet, les premières expériences de droit international pénal résultent de la grande portée, des lourdes conséquences[34] des exactions commises lors de la Seconde Guerre mondiale. Lors de la création des Tribunaux militaires internationaux

---

[32] BARDET Marie, *La notion d'infraction internationale par nature, Essai d'une analyse structurelle, Bordeaux*, 2020, *op. cit.*, p.11, §.9.

[33] BELLIVIER Florence, EUDES Marina, FOUCHARD Isabelle, *Droit des crimes internationaux*, PUF - Thémis droit, 1er édition, octobre 2018, *op. cit.*, p. 24.

[34] Dictionnaire en ligne du Centre national de ressources textuelles et lexicales. http://www.cnrtl.fr ; définition de « *gravité* » , *op. cit.*

de Nuremberg et de Tokyo, ont été élaborés des Statuts[35] érigeant pour la première fois des crimes relevant du droit international pénal, à savoir, le crime de guerre, le crime contre la paix, connu aujourd'hui sous la dénomination de crime d'agression, et le crime contre l'humanité. Par la suite, sera ajouté le génocide, et l'ensemble de ces crimes sera repris par les Statuts des Tribunaux pénaux internationaux[36], puis par le Statut de la Cour pénale internationale[37]. Par ailleurs, le champ lexical utilisé pour désigner ces crimes témoigne de l'importance de la gravité en droit international pénal ; tel est le cas par exemple des termes d'atrocité, d'inhumanité, ou encore d'énormité[38]. Ainsi, la gravité semble jouer un rôle important en droit international pénal, puisqu'elle semble être un critère d'intervention de cette matière. Le droit international pénal traite des crimes les plus graves, ce qui semble aller plus loin encore que la fonction de la gravité en droit pénal interne, puisqu'il ne suffit plus ici que le comportement soit grave ; il semble être exigé un seuil de gravité plus élevé encore, pour ne prendre en compte que les crimes les plus graves. En effet, les crimes régis par le droit international pénal appartiennent, selon la doctrine, à la catégorie d'infractions internationales par nature[39], catégorie qui

---

[35] Statut du Tribunal Militaire International de Nuremberg de 1945 ; Statut du Tribunal International de Tokyo de 1945.

[36] Statut du Tribunal Pénal International pour l'ex-Yougoslavie de 1993 ; Statut du Tribunal Pénal International pour le Rwanda de 1994.

[37] Statut de Rome de la Cour pénale internationale de 1998, entré en vigueur le 1er juillet 2002.

[38] Voir : BARDET Marie, *La notion d'infraction internationale par nature, Essai d'une analyse structurelle*, Bordeaux, 2020, qui énonce « *un discours de l'effroi* » : « *« Horribles » ; « terrifiants » ; « atrocités » ; « cruauté » : autant d'expressions mobilisées lorsqu'il s'agit de présenter les crimes internationaux, pour mieux exprimer l'aversion et l'indignation que suscite leur commission* » , p. 15, §. 11.

[39] Sur la conceptualisation de la notion d'infraction internationale par nature, voir : LOMBOIS Claude, *Droit pénal international*, Paris,

semble être fondée sur le critère de gravité. De plus, le Statut de Rome de la Cour pénale internationale compte pas moins de trente-neuf occurrences des termes « *graves* » , « *gravité* » , ou « *gravement* » , ce qui semble témoigner de l'omniprésence de la gravité en droit international pénal.

11. Cependant, émergent des difficultés similaires à celles énoncées à propos de la gravité en droit pénal interne. La gravité demeure une notion subjective et variable, et ne fait l'objet d'aucune définition ou conceptualisation en droit international pénal. La doctrine[40] est malgré tout parvenue à dégager deux acceptions de la gravité en droit international pénal. La première serait la gravité abstraite, et correspondrait à la gravité analysée indépendamment de la commission concrète du crime. Ce serait donc la gravité abstraite qui permettrait de considérer que les infractions internationales par nature, soit, le génocide, le crime contre l'humanité, le crime de guerre et le crime d'agression, sont les crimes les plus graves ; et ainsi, cela renverrait à la compétence matérielle des juridictions pénales internationales. A l'inverse, la seconde acception de la gravité en droit international pénal correspondrait à la gravité concrète, qui ferait référence aux conséquences de la commission concrète d'un crime précisément identifié[41]. La gravité concrète apparaît ainsi permettre le déclenchement de la compétence juridictionnelle des juridictions internationales pénales, puisque celles-ci ne devraient connaître que des crimes les plus graves, d'après la définition du droit international pénal. Il apparaît

Dalloz, 1971 ; BARDET Marie, *La notion d'infraction internationale par nature, Essai d'une analyse structurelle*, Bordeaux, 2020.

[40] BARDET Marie, *La notion d'infraction internationale par nature, Essai d'une analyse structurelle*, Bordeaux, 2020, p.205, *op. cit.*, §.§. 306-307.

[41] Par exemple, la gravité concrète peut viser les conséquences du génocide commis au Rwanda.

cependant difficile de véritablement saisir la distinction de ces deux acceptions de la notion de gravité, puisque la notion même de gravité n'est jamais définie par les textes de droit international pénal. Si ce silence quant à la définition de la gravité en droit pénal interne apparaît alarmant, il l'est d'autant plus en droit international pénal puisqu'il semblerait que cette matière soit véritablement fondée sur un critère de gravité.

12. Or, si la gravité constitue un critère de droit international pénal, les spécificités de cette matière tenant notamment à la source politisée de ce droit font craindre une instrumentalisation de ce critère insaisissable. En effet, puisque la gravité apparaît ici permettre une dérogation à la souveraineté du droit de punir, il semble possible que les États, sources de ce droit, aient cherché à instrumentaliser la gravité pour satisfaire leurs propres intérêts, notamment en ce qui concerne l'ampleur de l'atteinte portée à la souveraineté par le droit international pénal. C'est ainsi l'ensemble du droit international pénal qui semble être à la portée d'une telle instrumentalisation, et ce notamment du fait du caractère insaisissable de la notion de gravité. Faire reposer le droit international pénal sur une telle notion semble ainsi le déposséder de toute garantie, et apparaît également dénaturer le versant pénal de cette manière. Quoi qu'il en soit, l'omniprésence de la gravité en droit international semble véritablement exiger de délimiter les contours de cette notion.

13. Ainsi, la question est celle de savoir si la gravité est un critère pertinent en droit international pénal. Or, tout porte à croire que ce n'est pas le cas. En droit international pénal, la gravité apparaît omniprésente, alors même que cette notion n'est jamais définie. Pour autant, il se dégage deux acceptions différentes de la notion de gravité : la gravité abstraite et la gravité concrète. Malgré cette distinction, les contenus et définitions de ces gravités sont encore très peu précis, et parfois, inexistants. Cette notion insaisissable, qu'il s'agisse de la gravité abstraite ou de la gravité concrète, apparaît être instrumentalisée, notamment dans l'objectif de concilier la souveraineté et la justice pénale internationale. Cette instrumentalisation est critiquable, et se manifeste différemment selon qu'il s'agit de la gravité abstraite ou de la gravité concrète. La gravité n'apparaît pas être un critère pertinent en droit international pénal, en ce qu'il s'agit d'une notion insaisissable et instrumentalisée. Cela vaut aussi bien pour la gravité abstraite qui semble avoir pour rôle l'identification du droit international pénal (Chapitre I), que pour la gravité concrète dans sa fonction de répartition du contentieux (Chapitre II).

CHAPITRE I

LA FONCTION D'IDENTIFICATION DU DROIT INTERNATIONAL PÉNAL DE LA GRAVITÉ ABSTRAITE

14. Si la gravité ne reçoit pas de définition, il est cependant possible de comprendre ce à quoi correspond la gravité abstraite. En effet, celle-ci renvoie à un critère de définition de la compétence matérielle de la Cour pénale internationale[42]. Cela se déduit notamment de la lecture de l'article 5 du Statut de Rome[43] qui vise « *les crimes les plus graves qui touchent l'ensemble de la communauté internationale* » . Ainsi, la gravité abstraite aurait pour fonction d'identifier ce qui relève du droit international pénal, en imposant une analyse de la gravité d'un comportement, indépendamment de sa commission. Cependant, l'absence de définition de la gravité demeure, et semble donc rendre insatisfaisant le critère de la gravité abstraite pour définir ce qui relève du droit international pénal (Section 1). De plus, l'absence de définition de la gravité, associée à la fonction de définition qui lui est octroyée, semble favoriser une utilisation dérogatoire de la gravité abstraite (Section 2).

---

[42] BARDET Marie, *La notion d'infraction internationale par nature, Essai d'une analyse structurelle*, Bordeaux, 2020, p.205, §306.

[43] Art. 5 du Statut de Rome.

Section 1. La gravité abstraite comme critère de définition

15. Le fait que la gravité soit une notion insaisissable fait de la gravité abstraite un critère de définition insatisfaisant. En effet, d'une part, la catégorie d'infractions internationales par nature semble avoir pour fondement la gravité abstraite (§.1), ce qui semble rendre discutable la délimitation de cette catégorie. Mais d'autre part, le critère de la gravité abstraite est de nouveau utilisé dans la définition des crimes internationaux (§.2), ce qui semble favoriser une hiérarchie entre ces crimes.

§1. Le fondement de la catégorie d'infraction internationale par nature

16. En érigeant la gravité abstraite en fondement de la catégorie d'infractions internationales par nature, ce fondement en devient alors insaisissable. En effet, il semble se dégager un critère imprécis, visant à permettre de faire entrer dans cette catégorie des comportements présentant une gravité « *suprême* » (A). Mais surtout, ériger la gravité abstraite en fondement de la catégorie d'infractions internationales par nature semble apporter une coloration subjective à la définition de cette catégorie (B).

A. Le critère de la gravité « *suprême* »

17. Le choix de qualifier cette gravité de « *suprême* » puise son intérêt dans la définition courante de cet adjectif, qui renvoie à quelque chose qui serait au-dessus de tout dans une hiérarchie, ou qui ne saurait être dépassé[44]. C'est là l'idée que semble exprimer la gravité abstraite en droit international pénal, en ce sens que la catégorie d'infractions qu'il a pour objet de traiter correspond aux « *crimes les plus graves qui touchent l'ensemble de la communauté internationale* » [45]. Cependant, le caractère insaisissable de cette notion impose de comprendre pourquoi, et surtout, comment le critère de la gravité abstraite fonctionne pour délimiter la catégorie des infractions internationales par nature. En effet ce critère semble fonder une internationalisation spécifique (1), et apparaît plutôt être un critère qualitatif (3), que quantitatif (2).

1. Le fondement d'une internationalisation spécifique

18. A priori, la catégorie des infractions internationales par nature se distingue en ce qu'elle ne concerne que des infractions qui seraient dites « *internationales* » . Or, le terme « *international* » est un terme large et ne semble ainsi pas permettre de distinguer les infractions internationales classiques des infractions internationales par nature. Dans son acception la plus classique, le terme « *international* » vise ce qui concerne les relations entre États, soit, une branche du droit qui est de source internationale ou qui a pour objet des situations intéressant plusieurs États[46]. S'il est vrai que les infractions internationales par nature peuvent intéresser plusieurs États, dans l'hypothèse de crimes de guerre perpétrés à l'occasion d'un conflit armé entre deux États par exemple, c'est aussi le cas d'autres infractions qui n'appartiennent pas à cette catégorie, telles que le trafic de

[44] Dictionnaire en ligne du Centre national de ressources textuelles et lexicales. http://www.cnrtl.fr

[45] Art. 5 du Statut de Rome, *op.cit.*

[46] CORNU, Gérard, *Vocabulaire Juridique*, 13ème édition, PUF, 2020.

stupéfiants ou la traite des êtres humains. Ainsi, il apparaît que la seule internationalisation d'une infraction ne lui octroie par la gravité abstraite suffisante pour appartenir à la catégorie des infractions internationales par nature. De plus, d'après Henri Donnedieu de Vabres, « *l'internationalisme d'une infraction résulte du fait que sa commission se prolonge sur le territoire de plusieurs États, soit du fait qu'elle a lieu, généralement, hors du territoire d'un État, ou que le pays de commission est inconnu* » [47]. Or, il n'est pas certain que les infractions internationales par nature remplissent systématiquement l'une de ces trois conditions. L'Histoire a déjà montré qu'un conflit armé pouvait ne pas dépasser les frontières, ou qu'un génocide pouvait avoir lieu au sein d'un seul et même État[48]. Dès lors, si les infractions internationales par nature n'impliquent pas nécessairement un franchissement de frontières, ce n'est donc pas leur internationalité qui fonde leur gravité abstraite.

19. Pour autant, un tel constat est à nuancer, puisque la définition du terme « *international* » vise également la branche du droit qui est de source internationale[49]. Il n'existe pas véritablement de législateur international. Ainsi, les normes dites de source internationale sont pour la plupart des conventions, soit, le résultat de négociations entre les États pour définir des normes. Or, le droit international pénal est une branche de droit dont la source est internationale. En

---

[47] DONNEDIEU DE VABRES, *Les principes modernes du droit pénal international*, Librairie du Recueil Sirey, 1928, p.411.

[48] Les conflits armés peuvent être uniquement internes, soit, non internationaux. Ce fut notamment le cas de la situation Colombienne pour laquelle la Cour Pénale Internationale a mené un long examen préliminaire. La situation Rwandaise quant à elle concerne des allégations de génocide commise sur le seul Etat du Rwanda, situation pour laquelle a été créé le Tribunal Pénal International pour le Rwanda.

[49] CORNU, Gérard, *Vocabulaire Juridique*, 13ème édition, PUF, 2020, *op.cit.*

effet, la construction de ce droit, ainsi que celle de la catégorie des infractions internationales par nature, a commencé avec les premières définitions apportées par le Statut du Tribunal de Nuremberg[50] élaboré par les États Alliés, pour aboutir au Statut de Rome[51] qui compte plus d'une centaine d'Etats parties. Ainsi, les infractions internationales par nature peuvent être considérées comme étant « *internationales* », car le droit qui les régit est de source internationale. Mais cela ne suffit pas non plus à les distinguer des infractions internationales classiques, car il existe de nombreuses conventions internationales traitant par exemple du terrorisme[52], de la criminalité organisée[53], ou d'autres infractions pour lesquelles les États ont jugé nécessaire d'élaborer des normes en commun. Or, la gravité suprême qui semble caractériser les crimes appartenant à la catégorie d'infractions internationales par nature distingue nécessairement celles-ci des infractions internationales classiques.

20. La signification du terme « *international* » dans la dénomination des infractions internationales semble donc être tout à fait différente. En réalité, il apparaît que les infractions internationales par nature sont internationales d'une autre manière, et ce, du fait de leur gravité suprême. En effet, comme leur nom l'indique, elles sont internationales par leur nature, et en ce sens, « *l'internationalisation des infractions internationales par*

---

[50] Statut du Tribunal Militaire International de Nuremberg, 1945.

[51] Statut de Rome de la Cour Pénale Internationale, 1998.

[52] Convention sur la prévention et la répression des infractions contre les personnes jouissant d'une protection internationale, y compris les agents diplomatiques. Adoptée par l'Assemblée générale des Nations Unies le 14 décembre 1973.

[53] Convention des Nations Unies contre la criminalité transnationale organisée. Adoptée par l'Assemblée générale des Nations Unies le 15 novembre 2000.

nature exprimerait une certaine conception philosophique, celle d'une communauté universelle transcendant la pluralité des sociétés étatiques, qui justifie la pénalisation et l'internationalisation » [54]. En outre, les infractions internationales par nature sont internationales, non pas parce que leur commission implique un élément d'extranéité ou un franchissement de frontière, ni parce que le droit qui les régit est de source internationale, mais surtout parce qu'elles sont graves. C'est leur nature particulièrement grave qui fonde leur internationalisation. Et c'est ainsi que qualifier la gravité abstraite, qui fonde cette catégorie, de gravité suprême prend tout son sens. C'est parce que la gravité de ces infractions « *ne saurait être dépassée* » , est « *au-dessus de tout* » [55], qu'elles sont internationales et intéressent ainsi plusieurs États, si ce n'est l'ensemble de la communauté internationale. Il existerait donc un versant plus spécifique du terme « *international* », conditionné par la gravité abstraite, qui viserait des infractions particulièrement graves, de telle sorte qu'elles en deviennent internationales, en ce sens que leur gravité implique que soit dépassé le contexte strictement national. C'est la gravité abstraite de la nature des infractions internationales par nature qui fonde leur internationalisation[56]. C'est donc l'internationalité[57] même

---

[54] H. ASCENSIO, E. DECAUX et A. PELLET, *Droit international pénal*, Paris, Pedone, 2012, p. 94.

[55] Dictionnaire en ligne du Centre national de ressources textuelles et lexicales., *op cit.* http://www.cnrtl.fr

[56] H. ASCENSIO, E. DECAUX et A. PELLET, *Droit international pénal*, Paris, Pedone, 2e édition, 2012, *op.cit.*, p. 296 : « *la gravité de ces crimes semble non seulement constituer un élément de leur qualification mais aussi fonder leur internationalisation en ce que, à travers les personnes qui en sont les victimes, c'est la communauté humaine toute entière qui est visée* » .

[57] Sur l'internationalité des infractions internationales par nature, voir : BARDET Marie, *La notion d'infraction internationale par nature, Essai d'une analyse structurelle*, Bordeaux, 2020, *op. cit.*, p.5 à 7.

des infractions internationales par nature qui est ici complexifiée par son fondement sur la gravité abstraite.

21. Mais si la gravité abstraite constitue le fondement de l'internationalisation de ces infractions internationales par nature, encore faut-il comprendre en quoi consiste cette gravité. A priori, la gravité suprême des infractions internationales par nature résulterait des conséquences importantes de celles-ci (2).

2. La gravité suprême des infractions internationales par nature du fait de leurs conséquences

22. Si la gravité abstraite permet de faire entrer certains crimes dans la catégorie d'infractions internationales par nature, cela signifie que ces crimes, considérés de manière abstraite, sont extrêmement graves. La répétition est lourde de sens ; elle montre à quel point le critère de la gravité abstraite, pour définir la catégorie d'infractions internationales par nature, est insaisissable. Cependant, de manière instinctive, la notion de gravité semble se rapporter à la mesure des conséquences d'un comportement. En ce sens, le champ lexical utilisé dans les textes semble renvoyer aux conséquences graves des infractions internationales par nature[58]. Mais c'est également la doctrine qui semble considérer que « *l'importance des dommages humains et matériels causés constitue assurément un élément d'appréciation de ce critère de gravité* » [59]. Dans le même sens, le professeur Claude Lombois précisait que parmi les crimes, « *les plus graves*

---

[58] Le Statut de Rome vise diverses expressions se rapportant à des conséquences graves : la destruction (art. 6), l'attaque généralisée ou systématique (art. 7), la grande échelle (art. 8), l'ampleur (art. 8bis).
[59] BARDET Marie, *La notion d'infraction internationale par nature, Essai d'une analyse structurelle*, Bordeaux, 2020, *op. cit.*, p. 252.

seuls, sont devenus infractions internationales et c'est une considération de pur fait que de constater que cette gravité se mesure, le plus souvent, à l'importance des dommages causés aux gens » [60]. Il serait donc tentant d'en conclure que la gravité abstraite de ces infractions est une gravité quantitative. Ainsi, seuls des « *crimes incommensurables à quoi que ce soit d'autre* » [61] appartiendraient à la catégorie d'infractions internationales par nature.

23. Pourtant, le critère de la gravité abstraite apprécié de manière quantitative, pour définir la catégorie d'infractions internationales par nature, n'apparaît pas satisfaisant. En effet, il est extrêmement difficile de mesurer la gravité abstraite d'un comportement puisque par définition, cette gravité s'analyse indépendamment de la commission de l'acte. Plus précisément, il s'agit d'admettre qu'un acte cause une plus grande quantité de dommages qu'un autre, alors même que ces dommages ne peuvent être concrètement mesurés. Or, s'il semble aisé de considérer en droit pénal interne, que le meurtre est abstraitement plus grave que le vol d'un bien, il est cependant bien plus difficile de distinguer les infractions internationales par nature d'autres infractions sur le fondement d'une gravité abstraite appréciée de manière quantitative. Cela signifierait qu'il est admis, abstraitement, que la commission d'une infraction appartenant à cette catégorie, causera plus de dommages qu'une autre infraction n'appartenant pas à cette catégorie. Un tel postulat ne peut être une vérité absolue. En effet, l'un des crimes sous-jacents du crime de guerre consiste en « *la destruction et l'appropriation de biens, non justifiés par des nécessités*

---

[60] LOMBOIS Claude, *Droit pénal international*, Paris, Dalloz, 1971.

[61] JANKELEVITCH Vladimir, cité dans H. ASCENSIO, E. DECAUX et A. PELLET, *Droit international pénal*, Paris, Pedone, 2e édition, 2012, *op.cit.*, p. 297.

militaires et exécutées sur une grande échelle de façon illicite et arbitraire » [62]. Or, il est difficile d'affirmer que ce comportement est abstraitement plus grave qu'une attaque terroriste par exemple, qui est susceptible d'engendrer un nombre important de victimes.

24. Ainsi, une appréciation quantitative de la gravité abstraite n'est pas satisfaisante. En ce sens, le professeur Lombois semblait d'ailleurs émettre une réserve quant à une appréciation quantitative de la gravité, en précisant qu'une telle appréciation a lieu « *le plus souvent* » [63], ce qui signifie qu'elle n'est pas systématique. Dès lors, la gravité abstraite afférente aux infractions internationales par nature pourrait être une gravité qualitative, qui se mesurerait au regard des valeurs protégées par ces infractions (3).

3. Le critère de la gravité abstraite du fait des valeurs protégées par ces infractions

25. Il serait sans doute plus satisfaisant d'apprécier de manière qualitative la gravité abstraite en tant que critère d'identification de la catégorie d'infractions internationales par nature. Classiquement, la gravité d'un comportement se mesure au regard de la valeur protégée par ce comportement[64]. Or, ce qui fait la particularité des infractions internationales par nature, c'est notamment leur gravité suprême, ce qui implique ainsi des atteintes à des valeurs qui « *ne sauraient être dépassées* » [65]. Mais cela

---

[62] Art. 8-2, alinéa a), iv), du Statut de Rome

[63] LOMBOIS Claude, *Droit pénal international*, Paris, Dalloz, 1971, *op. cit*,.

[64] Voir. Introduction, §4.

[65] Dictionnaire en ligne du Centre national de ressources textuelles et lexicales. http://www.cnrtl.fr ; définition de « *suprême* » .

signifie également qu'il convient d'identifier ces valeurs, afin de saisir la substance de cette gravité abstraite.

26. D'une part, Stanislaw Plawski vise des atteintes à « *l'ordre social international* » [66], et semble ainsi faire référence à un ordre public universel[67], soit, admis dans tous les pays, mondialement reconnu et ayant vocation à l'être[68]. Cela ressort également de l'article 5 du Statut de Rome qui précise que les infractions internationales par nature « *touchent l'ensemble de la communauté internationale* » [69]. Ce serait donc l'existence d'atteintes à cet ordre public universel qui justifierait le caractère suprême de la gravité abstraite comme critère d'identification de la catégorie d'infractions internationales par nature. Cependant, la notion d'ordre public universel, tout comme son contenu, est difficile à saisir. Il apparaît ainsi difficile d'apprécier la gravité abstraite des infractions internationales par nature au regard d'une notion tout aussi insaisissable. Pour autant, il est possible de donner des précisions. D'après la doctrine « *il y a atteinte à l'ordre public lorsqu'il y a atteinte, à travers la violation d'une règle de droit, à des droits ou à des valeurs fondamentaux protégés dans une société donnée* » [70]. Dès lors, la gravité abstraite des infractions

---

[66] PLAWSKI Stanislaw, *Etude des grands principes fondamentaux du droit international pénal,* Paris, Librairie générale de droit et de jurisprudence, 1972, p. 10.
[67] A ce sujet, voir : BARDET Marie, *La notion d'infraction internationale par nature, Essai d'une analyse structurelle*, Bordeaux, 2020, p.12.
[68] CORNU Gérard, Vocabulaire juridique, 13ème édition, PUF, 2020, op. cit., définition de « *universel* » .
[69] Art. 5 du Statut de Rome.
[70] DE FROUVILLE Olivier, *Droit international pénal, Sources, Incrimination, Responsabilité,* A. Pedone, 2e édition, 2012, p. 3. A ce sujet, voir aussi : BARDET Marie, *La notion d'infraction internationale par nature, Essai d'une analyse structurelle*, Bordeaux, 2020, *op cit.*

internationales se mesurerait en fonction des valeurs atteintes, et seules des atteintes à des valeurs universelles, touchant l'ensemble de la communauté internationale, permettraient de caractériser cette gravité suprême. Ainsi, d'après le professeur Claude Lombois, « *l'infraction est internationale par nature parce qu'elle consiste en un comportement illicite qui porte atteinte aux fondements de la société internationale elle-même* » [71].

27. Il reste à identifier ces valeurs universelles pour comprendre comment est utilisée la gravité abstraite. En ce sens, le préambule du Statut de Rome précise que « *des crimes d'une telle gravité menacent la paix, la sécurité et le bien-être du monde* » [72], et semble ainsi identifier les valeurs universelles auxquelles les infractions internationales par nature portent atteinte. La doctrine considère également que ces valeurs correspondraient à « *la paix et à la sécurité de l'humanité* » [73]. Ainsi, il semble se dégager l'idée selon laquelle la gravité abstraite se mesurerait par rapport aux valeurs atteintes, et seuls les comportements portant atteinte à la paix et à la sécurité de l'humanité sont considérés suffisamment graves pour qu'ils soient reconnus comme des infractions internationales par nature. Finalement, il s'agit d'une appréciation de la gravité abstraite classiquement utilisée en droit interne[74], au regard de la valeur protégée par l'infraction.

---

[71] LOMBOIS Claude, *Droit pénal international*, Paris, Dalloz, 1971, *op.cit*,.

[72] Considérant n°3 du Préambule du Statut de Rome.

[73] LALY-CHEVALIER Caroline et MARIE Elsa, « Commentaire de l'article 5 du Statut de Rome » , in *Statut de Rome, Commentaire article par article*, Tome I, sous la direction de FERNANDEZ Julien, PACREAU Xavier, UBEDA-SAILLARD Muriel, A. Pedone, 2e édition, 2019, p. 523.

[74] MAYAUD Yves, Droit Pénal Général, PUF, 6e édition, 2018, p.343 : « *Les infractions relèvent entre elles d'un classement hiérarchique,*

28. S'il apparaît donc plus satisfaisant d'apprécier la gravité abstraite des infractions internationales par nature de manière qualitative, une telle appréciation ne suffit pas à rendre pertinent ce critère. En effet, les notions de paix et de sécurité de l'humanité sont des notions très larges, dont les contours sont difficiles à identifier. Il ne s'agira pas ici, comme en droit interne, de distinguer les atteintes à la vie des atteintes à la propriété, mais d'apprécier si des comportements sont susceptibles ou non de porter atteinte à la paix et à la sécurité de l'humanité. La doctrine considère que l'atteinte à ces valeurs par les infractions internationales par nature suscitent « *une réprobation unanime de l'infraction pour l'ensemble de la société internationale* » [75]. Or, si le crime de guerre semble instinctivement avoir sa place au sein de la catégorie d'infractions internationales par nature, l'absence de certains crimes, tels que le terrorisme ou l'écocide, peut poser question[76]. D'autant que si cette appréciation de la gravité en fonction de la valeur protégée existe également en droit interne, la doctrine en la matière considère que « *les infractions relèvent entre elles d'un classement hiérarchique qu'il appartient au législateur de gérer en fonction de sa politique criminelle, et donc de l'appréciation qu'il porte sur chacune des incriminations qu'il définit* » [77]. Or, comme cela a été dit précédemment, il n'existe pas de législateur international, et par conséquent, il ne semble pas possible de considérer qu'il existerait une politique criminelle au niveau international. Dès lors, ce

---

qu'il appartient au législateur de gérer en fonction de sa politique criminelle, et donc de l'appréciation de gravité qu'il porte sur chacune des incriminations qu'il définit » .

[75] BARDET Marie, *La notion d'infraction internationale par nature, Essai d'une analyse structurelle*, Bordeaux, 2020, *op. cit.*, p. 6.

[76] Voir *Infra*.

[77] MAYAUD Yves, *Droit Pénal Général,* PUF, 6e édition, 2018, p.343, *op.cit.*

sont les États, par la voie des conventions, qui ont eu la tâche d'apprécier cette gravité abstraite, au regard de l'atteinte à des valeurs définies de manière extrêmement large. La gravité abstraite ne peut donc être clairement identifiée, et ne peut ainsi être un critère solide pour identifier la catégorie d'infractions internationales par nature. Mais c'est également la légitimité de la délimitation de cette catégorie qui est remise en question par le caractère insaisissable de cette notion, puisque la gravité est également une notion subjective.

29. Ainsi, faire de la gravité abstraite le critère d'identification de la catégorie d'infractions internationales par nature semble apporter une coloration subjective à la définition de la catégorie d'infractions internationales par nature (B).

B. La coloration subjective de la définition de la catégorie d'infractions internationales par nature

30. Faire de la gravité abstraite le fondement de la catégorie d'infractions internationales par nature soulève de nombreuses questions, notamment en ce que cela amène une coloration subjective à l'identification de cette catégorie. En effet, le fait que la notion même de gravité soit subjective (1), semble donner lieu à une délimitation subjective de la catégorie d'infractions internationales par nature (2).

1. Le caractère subjectif de la notion de gravité

31. La non pertinence du critère de gravité abstraite pour identifier ce qui relève du droit international pénal, et plus précisément, ce qui relève de la catégorie des infractions internationales par nature, résulte notamment du caractère subjectif de la notion de gravité. En effet, la gravité ne peut être appréciée objectivement, au sens où ce qui est objectif correspond à ce qui « *existe en soi, indépendamment de la psychologie ou de la volonté des personnes* » [78]. Plus précisément, l'objectivité se définit comme « *une représentation exacte de la réalité matérielle ou juridique* » [79]. Or, il apparaît très difficile d'apprécier la notion de gravité en tant que représentation exacte de la réalité, puisque la gravité est une notion fluctuante. Ce qui peut être qualifié de « *grave* », peut varier selon le temps et l'espace. Ainsi, si la gravité abstraite d'une infraction est appréciée par le législateur lors de son élaboration, celle-ci sera nécessairement le résultat des influences sociales, historiques, et culturelles de la société dont il est issu. De nombreux exemples peuvent venir étayer cela, notamment en matière pénale[80]. Ainsi, la gravité abstraite ne pouvant être évaluée objectivement, n'exprimant pas de réalité matérielle ou juridique, est appréciée subjectivement, soit, « *porte l'empreinte ou le sceau de son auteur* » [81]. En ce sens, d'après Henri Donnedieu de Vabres, « *un certain subjectivisme contrarie l'application des règles que la science a dégagées. Il fait régner l'incertitude et l'arbitraire* » [82]. Cette subjectivité dépossède alors le critère de la gravité abstraite, pour identifier la catégorie des

---

[78] CORNU Gérard, *Vocabulaire juridique*, 13ème édition, PUF, 2020, op. cit., définition de « *objectif* ».

[79] CORNU Gérard, Vocabulaire juridique, 13ème édition, PUF, 2020, *op. cit.*, définition « *objectivité* » .

[80] Par exemple, pendant longtemps et jusqu'à la loi n°75-617 du 11 juillet 1975, l'adultère était considéré suffisamment grave par le législateur pour être une infraction pénale. Ce n'est aujourd'hui plus une infraction pénale.

[81] CORNU Gérard, Vocabulaire juridique, 13ème édition, PUF, 2020, *op. cit.*, définition « *subjectivité* »

[82] DONNEDIEU DE VABRES, *Les principes modernes du droit pénal international*, Librairie du Recueil Sirey, 1928, op.cit., p. 357.

infractions internationales par nature, de toute garantie solide. Cela remet en cause la légitimité du choix des crimes appartenant à cette catégorie du fait de leur gravité suprême.

32. La gravité abstraite justifierait l'appartenance de certains crimes à la catégorie d'infractions internationales par nature. Par conséquent, l'absence d'autres crimes serait également justifiée sur le fondement du critère de la gravité abstraite. Or, si la distinction entre les infractions internationales par nature et d'autres infractions, sur le fondement de la gravité abstraite, apparaît critiquable[83], elle l'est d'autant plus lorsqu'est pris en compte le caractère nécessairement subjectif de l'appréciation de ce critère. En effet, il semble exister d'autres infractions touchant l'ensemble de la communauté internationale[84], portant atteinte à la paix et à la sécurité de l'humanité[85], ou suscitant « *une réprobation unanime de l'infraction pour l'ensemble de la société internationale* » [86]. Tel est notamment le cas par exemple des attentats terroristes qui peuvent parfois faire réagir l'ensemble de la communauté internationale, comme ce fut le cas pour les attentats de Paris en 2015, ou encore les attentats de New York de 2001.

33. Ainsi, « *l'extrême gravité est un critère trop subjectif qui laisse place à beaucoup d'incertitude* » [87]. En ce sens,

---

[83] Voir *Supra*, A).
[84] Art. 5 du Statut de Rome, *op. cit.*
[85] LALY-CHEVALIER Caroline et MARIE Elsa, « Commentaire de l'article 5 du Statut de Rome » , in *Statut de Rome, Commentaire article par article*, Tome I, sous la direction de FERNANDEZ Julien, PACREAU Xavier, UBEDA-SAILLARD Muriel, A. Pedone, 2e édition, 2019, p. 523, *op. cit.*
[86] BARDET Marie, *La notion d'infraction internationale par nature, Essai d'une analyse structurelle*, Bordeaux, 2020, p. 6, *op. cit.*
[87] *Treizième rapport sur le projet de code des crimes contre la paix et la sécurité de l'humanité*, Doc. NU A/CN. 4/466, 1995, p. 4.

il semblerait qu'un fait illicite international devient une infraction internationale par nature, non seulement s'il est d'une extrême gravité, mais également si la communauté internationale décide qu'il en sera ainsi[88]. Il apparaît donc que le caractère subjectif de la gravité abstraite implique une délimitation subjective de la catégorie d'infractions internationales par nature (2).

2. La délimitation subjective de la catégorie d'infractions internationales par nature

34. Le caractère subjectif de la gravité semble impliquer que c'est la communauté internationale qui apprécie cette gravité et qui, ainsi, décide quels sont les crimes suffisamment graves pour appartenir à la catégorie d'infractions internationales par nature. L'identification de la communauté internationale a donc ici son importance. La communauté internationale correspondrait à l'ensemble des nations, l'ensemble des États, en particulier dans le cadre de l'Organisation des Nations Unies[89]. Donc finalement, cette communauté internationale qui décide quels sont les crimes suffisamment graves pour être érigés en infractions internationales par nature, ce sont les États qui ont, par ailleurs, participé à la construction du droit international pénal. Ainsi, il apparaît que ce qui en résulte exprime la

---

[88] *Ibid.* Le rapporteur à la Commission du droit international des NU (CDI) à propos du Code des crimes contre la paix et la sécurité de l'humanité, M. Doudou Thiam a montré qu'un fait illicite international devient un crime du code, non seulement s'il est d'une extrême gravité, mais aussi si la communauté internationale décide qu'il en sera ainsi car « *l'extrême gravité est un critère trop subjectif qui laisse place à beaucoup d'incertitude* ».

[89] Dictionnaire en ligne du Centre national de ressources textuelles et lexicales. http://www.cnrtl.fr, définition de « *communauté internationale* » ; le concept de communauté internationale ne fera pas l'objet d'une analyse ici.

volonté subjective des États de faire entrer dans les infractions internationales par nature le génocide, le crime contre l'humanité, le crime de guerre et le crime d'agression. Or, le subjectivisme de la notion de gravité abstraite apparaît ici clairement en ce que ce choix semble résulter de l'impact qu'a eu la Seconde Guerre Mondiale, puisque ce sont des actes commis pendant cette guerre qui ont été érigés en infractions internationales par nature. De plus, les premières identifications du contenu de ces infractions internationales par nature[90] avaient pour objectif de réprimer les auteurs de ces exactions, uniquement dans le camp des vaincus[91]. Dès lors, si c'est pour des raisons historiques que la gravité abstraite de ces crimes est aujourd'hui une gravité suprême, permettant de les considérer comme des infractions internationales par nature, cela montre bien le manque d'objectivité de cette notion. Or, cela soulève de nombreuses questions ; une première est celle de savoir si d'autres crimes avaient été commis lors de la Seconde guerre mondiale, feraient-ils partie de ces infractions internationales par nature ? Une autre question bien plus problématique est la suivante : si ces exactions avaient été commises majoritairement par le camp des vainqueurs, quelle aurait été la réaction de la communauté internationale ? S'il est difficile de répondre à ces questions, il reste que la gravité suprême des infractions internationales par nature est appréciée abstraitement de la sorte par la communauté internationale du fait du précédent historique que constitue la Seconde Guerre mondiale.

[90] Statut du Tribunal Militaire International de Nuremberg, 1945, *op.cit.*, qui visait seulement le crime contre la paix, le crime contre l'humanité et le crime de guerre.

[91] L'Accords de Londres du 8 août 1945, qui porte création du Tribunal Militaire de Nuremberg, concerne « *la poursuite et le châtiment des grands criminels de guerre des Puissances européennes de l'Axe* », l'Axe étant l'alliance des Etats vaincus lors de la Seconde Guerre Mondiale, face aux Etats des Alliés.

Ainsi, l'appréciation du critère de la gravité abstraite pour identifier la catégorie d'infractions internationales par nature étant laissée aux États, il est difficile d'écarter tout risque d'instrumentalisation de cette notion qui est, par ailleurs, insaisissable.

35. En effet, la gravité abstraite permet d'identifier les infractions internationales par nature, soit, la compétence matérielle des juridictions pénales internationales[92]. Cela signifie que la gravité abstraite permet d'identifier les infractions pour lesquelles il est possible qu'intervienne la justice pénale internationale, et non plus seulement la justice pénale nationale. Ainsi, il apparaît que « *la gravité permet de contourner la souveraineté du droit de punir* » [93], puisque la gravité abstraite permet d'identifier les actes pour lesquels la justice pénale internationale peut se substituer à la justice pénale nationale. Or, le droit pénal, et plus précisément le droit de punir, émane de la souveraineté[94]. Ainsi, l'existence d'une justice pénale internationale dépossède l'État de l'un de ses attributs régaliens, le droit de punir, mais implique également une ingérence dans la souveraineté des États. En effet, l'internationalité des infractions internationales par nature ne reposant pas sur un franchissement de frontière ou sur un élément d'extranéité, il est possible que leur commission

---

[92] Cela permet d'identifier la compétence matérielle de la Cour Pénale Internationale, en vertu de l'article 5 du Statut de Rome, mais également d'autres juridictions pénales internationales qui ne sont compétentes que pour juger des infractions internationales par nature. C'est le cas notamment des Tribunaux Militaires Internationaux, et des Tribunaux Pénaux Internationaux.

[93] ALIX Julie et DARSONVILLE Audrey, « Gravité et droit pénal » , *Propos introductifs*, p.19.

[94] Voir notamment : Cour de Cassation, Chambre Criminelle, 21 mars 1862, S,1862. I. 542, rapport Faustin Hélie, concl. Savary. ; voir également : Introduction, §7.

n'ait lieu que sur le territoire d'un État, où celui-ci est censé détenir une compétence exclusive[95]. La gravité abstraite, en ce qu'elle permet d'identifier la catégorie d'infractions internationales par nature, infractions susceptibles de faire l'objet d'une justice pénale internationale, autoriserait finalement une ingérence dans les affaires d'un État. Or, l'appréciation de cette gravité abstraite étant laissée à la communauté internationale, soit, les États, il est difficile d'écarter l'hypothèse d'une instrumentalisation de ce critère pour servir des intérêts plus politiques, et notamment décider quelles seraient les situations dans lesquelles une atteinte à la souveraineté peut avoir lieu du fait de l'intervention d'une justice pénale internationale. Ceci expliquerait l'absence injustifiée d'autres crimes, au regard du critère de gravité abstraite, ainsi que le nombre restreint des crimes appartenant à la catégorie d'infractions internationales par nature.

36. La gravité abstraite constitue donc bien un fondement insaisissable de l'identification de la catégorie d'infractions internationales par nature. C'est un critère qui ne peut être considéré comme satisfaisant pour identifier ce qui relève du droit international pénal, en ce qu'il apporte un grand nombre de difficultés de compréhension, et surtout de justifications. Cette gravité suprême peut facilement être instrumentalisée pour servir les intérêts de ceux qui ont la charge de l'apprécier abstraitement, qui ne sont autres que les États. Tout cela pose un problème de légitimité, d'autant plus que la notion de gravité est omniprésente en droit international pénal. Or, la gravité

[95] CIJ, affaire du Lotus, 1927, 7 septembre, Série A, Rec., p.18 : « *la limitation primordiale qu'impose le droit international à l'État est celle d'exclure - sauf l'existence d'une règle permissive contraire - tout exercice de sa puissance sur le territoire d'un autre État* » .

abstraite apparaît également présente au sein de la définition même des crimes internationaux (§2), ce qui semble favoriser une hiérarchie entre les crimes internationaux.

§2. Le critère de la gravité abstraite dans la définition des crimes internationaux

37. En ce qui concerne la gravité abstraite des crimes internationaux, « *l'appartenance de l'infraction à un plan plus vaste et le fait que l'occurrence de l'acte cause des préjudices à l'ensemble de la communauté constituent des éléments qui font qu'un homicide intentionnel, qu'un viol, ou que la destruction et l'appropriation de biens, puissent être considérés comme des crimes internationaux au-delà des infractions au droit pénal des États* » [96]. La gravité abstraite des crimes appartenant à la catégorie des infractions internationales par nature serait exprimée notamment au travers du contexte de l'infraction[97]. Or, si les infractions internationales par nature ont pour point commun de consister en une entreprise d'ensemble, menant

---

[96] NATIONS UNIES, *Rapport de la Commission du droit international sur les travaux de sa quarante-huitième session* (6 mai-26 juillet 1996), Document A/51/10, pp. 56-57, para. 6 des commentaires à l'article 20, cité dans La « Gravité » dans la jurisprudence de la Cour pénale internationale à propos des crimes de Guerre, ESTUPIÑAN SILVA Rosmerlin, in *Revue internationale de droit pénal,* Érès, 2011/3 Vol. 82, p. 549.

[97] *Ibid.* NATIONS UNIES, *Rapport de la Commission du droit international sur les travaux de sa quarante-huitième session* (6 mai-26 juillet 1996), Document A/51/10, p. 56, para. 5 des commentaires à l'article 20 : *« pour qu'une infraction soit considérée comme un crime contre la paix et la sécurité de l'humanité, il faut qu'elle satisfasse à certains critères supplémentaires qui élèvent son degré de gravité. Ces critères généraux sont prévus dans le chapeau de l'article : les crimes en question doivent être exécutés d'une manière systématique ou sur une grande échelle »* .

une action sur une large échelle, et portant atteinte à la paix et la sécurité de l'humanité, les éléments contextuels des crimes internationaux ne sont pas similaires. Il semble donc se dégager des seuils de gravité différents selon les crimes internationaux, et la gravité apparaît donc favoriser une hiérarchie entre les crimes. Le critère de la gravité abstraite demeure donc insaisissable et insatisfaisant, en ce que les différentes définitions des crimes internationaux font émerger la variabilité de ce critère. Ainsi, la gravité abstraite du crime contre l'humanité et du génocide (A) apparaît plus importante que la gravité abstraite du crime de guerre et du crime d'agression (B).

A. La gravité abstraite du crime contre l'humanité et du génocide

38. Il apparaît que le crime contre l'humanité et le génocide seraient les infractions internationales par nature les plus graves, en ce qu'elles semblent toute deux aboutir à la « *négation de l'humanité* » [98]. Cependant, en analysant la gravité abstraite de chacune d'entre elles, émerge toute la variabilité du critère de gravité abstraite, notamment du fait de l'évolution de la définition de l'élément contextuel du crime contre l'humanité (1) et semble se dégager une gravité abstraite « *extrême* » du crime de génocide (2).

1. La variabilité dans le temps de la gravité abstraite du crime contre l'humanité

[98] DELMAS-MARTY Mireille, « Les crimes internationaux peuvent-ils contribuer au débat entre universalisme et relativisme des valeurs ? » , in CASSESE Antonio et DELMAS-MARTY Mireille, *Crimes internationaux et juridictions internationales*, Paris, PUF, 2002, 1er édition, p. 67.

39. Ce qui fait de certains crimes des infractions internationales par nature, et c'est notamment le cas du crime contre l'humanité, c'est leur gravité abstraite qui semble se rattacher à leur élément contextuel, sans quoi les seuls éléments sous-jacents renverraient pour la plupart à des crimes de droits communs[99]. Ainsi, si les infractions internationales par nature sont particulièrement graves, c'est notamment du fait de leur contexte. C'est cet élément contextuel qui fait que ces infractions touchent la communauté internationale tout entière[100], et portent atteinte à la paix et à la sécurité internationale. Il faut pouvoir rattacher l'élément sous-jacent au contexte[101]. L'élément contextuel d'une infraction internationale par nature semble s'apparenter à la condition préalable en droit pénal interne, qui peut se définir comme « *un état de fait ou de droit, antérieur à l'activité proprement délictueuse et sans lequel le comportement ne serait pas punissable* » [102]. Concernant les infractions internationales par nature, il s'agit d'un élément contextuel, et la doctrine vise ainsi « *l'existence de circonstances particulières, dont le contenu varie selon la qualification considérée* » [103]. Si l'élément contextuel des infractions internationales par nature diffère de la condition préalable[104] en droit interne, il reste qu'une

---

[99] Ce n'est pas le cas de tous les éléments sous-jacents, certains renvoient à des formes de criminalités plus spécifiques. Voir. Art. 7-1 du Statut de Rome.

[100] Art. 5 du Statut de Rome, *op. cit.*

[101] A ce sujet, voir : BARDET Marie, *La notion d'infraction internationale par nature, Essai d'une analyse structurelle*, Bordeaux, 2020, *op.cit.*

[102] B. BOULOC, *Droit pénal général*, 2017, Dalloz, 25e édition, § 228 et la note 1)

[103] BARDET Marie, *La notion d'infraction internationale par nature, Essai d'une analyse structurelle*, Bordeaux, 2020, *op.cit.*, p. 35.

[104] A ce sujet voir : LEMASSON Aurélien, TRUCHE Pierre, BOURETZ Pierre, « Justice internationale pénale : crimes » , in *Répertoire de droit pénal et de procédure pénale*, Dalloz, 2019

infraction internationale par nature se distingue par l'existence de cet élément contextuel, qui permet de qualifier ces crimes comme étant particulièrement graves.

40. Ainsi, un crime contre l'humanité est suffisamment grave pour être une infraction internationale par nature parce qu'il s'inscrit dans le contexte d'une « *attaque généralisée ou systématique lancée contre toute population civile* » [105]. Cependant, cet élément contextuel du crime contre l'humanité a beaucoup évolué, ce qui semble exprimer le caractère variable de la gravité abstraite pour identifier une infraction internationale par nature. De plus, cette évolution témoigne de placements hiérarchiques différents du crime contre l'humanité en fonction de sa gravité. En effet, dans le Statut du Tribunal de Nuremberg, le crime contre l'humanité était suffisamment grave s'il était commis « *à la suite de tout crime entrant dans la compétence du Tribunal, ou en liaison avec ce crime* » [106]. Dès lors, cela signifie que la gravité abstraite du crime contre l'humanité est suffisante pour en faire une infraction internationale par nature, à condition de caractériser l'existence d'un lien de connexité avec un crime contre la paix ou un crime de guerre. Plus précisément, le crime contre l'humanité, au regard de cela, n'était pas considéré comme étant suffisamment grave pour être un crime autonome, et semblait ainsi comporter une gravité moindre que celle du crime contre la paix ou du crime de guerre. La définition de l'élément contextuel du crime contre l'humanité a continué à évoluer par la suite, et ainsi, la gravité abstraite de cette infraction. Dans le Statut du Tribunal pénal international pour l'ex-Yougoslavie, cet élément contextuel implique que l'élément sous-jacent du crime contre l'humanité soit commis « *au cours d'un conflit*

---

[105] Article 7-1 du Statut de Rome, *op. cit.*
[106] Art. 6 c) du Statut du Tribunal Militaire de Nuremberg.

armé interne ou international, et dirigé contre une population civile quelle qu'elle soit » [107]. Ainsi, la gravité abstraite était suffisante pour ériger le crime contre l'humanité en infraction internationale par nature s'il était commis dans le cadre d'un conflit armé interne ou international, et s'il était dirigé contre une population civile. Si le crime contre l'humanité devient alors un crime autonome, cela reste assez restrictif du fait de l'exigence d'un contexte de conflit armé interne ou international. En effet, cela semblait indiquer qu'un crime contre l'humanité ne pouvait être commis en dehors d'un tel contexte, ou bien, s'il l'était, n'était alors pas suffisamment grave. Cependant, apparaît l'expression « *dirigé contre une population civile quelle qu'elle soit* » , qui semble exprimer la valeur protégée de ce crime, lui octroyant la gravité abstraite suffisante pour être une infraction internationale par nature. En effet, d'après la doctrine, « *c'est la dépersonnalisation de la victime qui, aboutissant à la négation de son humanité, fonderait le crime contre l'humanité* »[108], et ainsi, le crime contre l'humanité porterait « *atteinte avec plus de gravité encore que les crimes de guerre, à l'ensemble des personnes humaines en dignité et en valeur* » [109]. C'est donc en faisant apparaître, au titre de l'élément contextuel, la cible du crime contre l'humanité, soit, la population civile, que le crime contre l'humanité semble devenir un crime plus grave encore que le crime de guerre ou le crime d'agression.

---

[107] Art. 5 du Statut du Tribunal Pénal International pour l'ex-Yougoslavie

[108] DELMAS-MARTY Mireille, « Les crimes internationaux peuvent-ils contribuer au débat entre universalisme et relativisme des valeurs ? » , in CASSESE Antonio et DELMAS-MARTY Mireille, *Crimes internationaux et juridictions internationales*, Paris, PUF, 2002, 1er édition, p. 67. *op.cit.*

[109] LEMASSON Aurélien, TRUCHE Pierre, BOURETZ Pierre, « Justice internationale pénale : crimes » , *op. cit.*, §49.

41. L'exigence d'un contexte de conflit armé a ensuite été supprimée par le Statut du Tribunal pénal international pour le Rwanda, qui vise au titre de l'élément contextuel du crime contre l'humanité, « *une attaque généralisée et systématique contre une population civile quelle qu'elle soit, en raison de son appartenance nationale, politique, éthique ou raciale* » [110]. Ainsi ici, la gravité abstraite du crime contre l'humanité serait justifiée par l'ampleur de l'attaque, exprimée au travers des conditions cumulatives d'une attaque généralisée et systématique. Mais est ajoutée une condition de désignation discriminatoire du groupe attaqué, qui peut rappeler le crime de génocide[111], et interroger quant à la nécessité de la qualification de crime contre l'humanité. Cette question n'a pas eu à se poser longtemps puisque cette condition a aujourd'hui été supprimée, et c'est la définition la plus large qui a été conservée par le Statut de Rome, qui a également fait des conditions d'une attaque généralisée et systématique des conditions alternatives[112].

42. Ainsi, si l'élément contextuel du crime contre l'humanité, en ce qu'il consiste en une « *attaque généralisée ou systématique lancée contre toute population civile* » [113], justifie sa gravité suprême en tant qu'infraction internationale par nature, son inconstance témoigne bien de la variabilité de ce critère. D'une part, la gravité plus ou moins importante conférée au crime contre l'humanité montre à quel point son appréciation est variable dans le temps. Mais d'autre part, cela a contribué à déplacer le crime contre l'humanité au sein de la hiérarchie des crimes

---

[110]Art. 3 du Statut du Tribunal Pénal International pour le Rwanda.
[111] La différence est qu'ici, sont visés les groupes politiques, qui ne sont pas visés par le crime de génocide. Voir. *Infra* 2).
[112] Voir. Art. 7-1 du Statut de Rome, *op.cit.*
[113] *Ibid.*

internationaux, si elle existe, puisque s'il a pu être considéré moins grave que le crime contre la paix et le crime de guerre à l'origine, il est aujourd'hui considéré plus grave, notamment en ce qu'il provoque la négation de l'humanité par une attaque de grande ampleur envers une population civile. Il n'est donc pas satisfaisant de faire de la gravité abstraite un critère d'identification des infractions internationales par nature puisqu'il apparaît finalement injustifié tant il est insaisissable. De plus, si le crime contre l'humanité apparaît être plus grave que le crime de guerre ou le crime d'agression, il semble cependant moins grave que le génocide qui se caractérise par une gravité extrême (2).

2. La gravité extrême du crime de génocide

43. Concernant le crime de génocide, il ne s'agira pas de démontrer la variabilité de la gravité abstraite au travers de la définition de son élément contextuel puisque celui-ci est resté le même depuis 1948[114]. L'élément contextuel du génocide correspond à un acte « *commis dans l'intention de détruire, en tout ou partie, un groupe national, ethnique, racial ou religieux, comme tel* » [115]. Or, cet élément contextuel semble exprimer le fait que le génocide soit le crime le plus grave qui soit, et serait ainsi le crime le plus haut placé s'il existait une hiérarchie en fonction de la gravité abstraite.

44. En effet d'une part, c'est l'objectif radical du génocide qui semble le rendre extrêmement grave, soit, le fait que l'acte soit commis « *dans l'intention de détruire en*

[114] Le crime de génocide a été défini par la Convention pour la prévention du crime de génocide du 9 décembre 1948, et cette définition a depuis, toujours été reprise.
[115] Art. 6 du Statut de Rome.

tout ou partie un groupe » [116]. C'est le seul crime international pour lequel est évoqué la destruction, qui renvoie à l'action de faire disparaître complètement[117], là où d'autres crimes visent plutôt une attaque[118]. Il apparaît ainsi que ce soit « *la nature particulière du projet criminel poursuivi qui fonde l'intensité de la réprobation suscitée par ce type d'entreprise* » [119], soit, le projet de destruction. Cependant, ce projet de destruction doit viser un groupe identifié parmi ceux restrictivement visés par la définition du génocide, soit, un groupe national, ethnique, racial ou religieux[120]. Au regard de la gravité, cela signifie que le génocide, pour devenir une infraction internationale par nature, n'est suffisamment grave que si l'un de ces groupes est visé. Prendre un autre groupe pour cible ne permettrait pas d'obtenir une gravité abstraite suffisante et ne permettrait donc pas de caractériser le génocide. Tout cela est discutable, et montre à quel point faire de la gravité un critère d'identification du droit international pénal n'apparaît pas pertinent. Il reste que la gravité abstraite afférente au génocide ressort du projet de destruction d'un groupe identifié, et dès lors, l'absence de certains groupes peut interroger. En effet, à l'origine, pour Raphaël Lemkin, qui a conceptualisé le crime de génocide, celui-ci devait viser l'ensemble des minorités nationales[121], afin de permettre une protection élargie. Ce n'est pas la

---

[116] *Ibid.*

[117] Dictionnaire en ligne du Centre national de ressources textuelles et lexicales. http://www.cnrtl.fr ; définition de « *destruction* » .

[118] Le crime contre l'humanité notamment vise une « *attaque systématique ou généralisée contre une population civile* » (art. 7-1 du Statut de Rome)

[119] BARDET Marie, *La notion d'infraction internationale par nature, Essai d'une analyse structurelle*, Bordeaux, 2020, *op. cit.*, p. 455, §703.

[120] Art. 6 du Statut de Rome

[121] R. LEMKIN, *Qu'est-ce qu'un génocide ?*, Paris, Ed. du Rocher, Coll. « Démocratie et totalitarisme », 2008, pp. 215- 240.

délimitation qui a été retenue, puisque sont ressortis des discussions de la Convention pour la prévention du crime de génocide uniquement les groupes nationaux, ethniques, religieux ou raciaux. Or, puisque c'est la communauté internationale qui apprécie la gravité abstraite, et ainsi, semble délimiter la catégorie des infractions internationales par nature, ce choix restrictif semble tout simplement résulter de la volonté des États lors de l'élaboration de la Convention précitée.

45. En effet, le caractère subjectif de la gravité abstraite semble émerger au travers de la délimitation des groupes visés par l'acte de génocide, et notamment au regard de l'absence des groupes politiques. Pourtant, au moment où l'idée d'élaborer une convention pour la prévention du génocide émerge, les groupes politiques devaient être visés au titre de cible de cette infraction[122]. En réalité, l'absence des groupes politiques résulte surtout de la volonté de certains États participant à l'élaboration de la Convention, qui ont souhaité l'exclure. C'est notamment le cas à l'époque de l'URSS, puisque son représentant, Andreï Vychinski, a affirmé que « *cette inclusion créerait des difficultés aux gouvernements établis de manière légale dans leur action de défense contre les éléments subversifs* » [123]. Or, cette position de l'URSS à l'époque s'explique par la politique de répression des opposants politiques qui y était menée, et ainsi, la crainte que l'inclusion des groupes politiques aboutisse à la qualification de génocide de leurs

---

[122] NATIONS UNIES, Conseil économique et social, Projet de Convention sur le crime de génocide, Doc. off. n°E/447, 26 juin 1947, art. 1 §1 : « *Le but de la présente Convention est d'empêcher la destruction des groupes humains d'ordre racial, national, linguistique, religieux ou politique* ».

[123] NU, Conseil économique et social, *Rapport du comité et projet de convention élaboré par le Comité*, doc. off. E/794, 26 mai 1948, pp. 11-12.

actes. C'est pourquoi, aujourd'hui, la destruction d'un groupe politique ne serait pas suffisamment grave abstraitement pour qu'il constitue un génocide. Cela montre à quel point fonder le droit international pénal sur la gravité n'apparaît pas pertinent, puisque ce qui constitue un acte suffisamment grave peut varier, notamment au travers des négociations politiques et diplomatiques, ce qui montre également que c'est un critère instrumentalisé. Il reste que l'attaque d'un groupe politique, en ce qu'elle peut s'analyser en une attaque d'une population civile, pourrait toujours être qualifiée de crime contre l'humanité.

46. Quoi qu'il en soit, c'est bien l'intention de détruire un groupe national, ethnique, religieux ou racial qui semble faire du génocide le crime le plus grave. Cette intention de détruire exprime également une intention renforcée dans le cadre du génocide, qui serait justifiée par la gravité « *supérieure* » de ce crime. Il ne sera pas seulement recherché si l'individu avait l'intention de mener une attaque envers un groupe de personnes, il faudra précisément caractériser une intention de détruire le groupe, en tout ou partie. De plus, le groupe doit être pris pour cible « *comme tel* »[124], ce qui signifie que le groupe doit être visé pour ce qu'il est, soit, de manière positive. Or, c'est ce qui semble différencier le crime de génocide du crime contre l'humanité, et lui conférer ainsi une gravité supérieure. En effet, le crime contre l'humanité ne vise qu'une attaque, et non la destruction, menée contre une population civile, et non contre un groupe précisément identifié. Mais le génocide peut également apparaître comme une version plus grave, plus radicale, du crime contre l'humanité. La destruction d'un groupe spécifique peut également entrer dans la qualification du crime contre l'humanité puisque cela constitue également une attaque contre une population

---

[124] Art. 6 du Statut de Rome, *op. cit.*

civile. Donc finalement, le seuil supérieur de gravité abstraite du génocide qui ressort de la nature du projet criminel, semble surtout permettre de différencier le crime de génocide du crime contre l'humanité.

47. Il reste que le crime contre l'humanité et le génocide apparaissent être les crimes les plus graves, et ainsi, la gravité abstraite du crime de guerre et du crime d'agression (B) serait moins importante.

B. La gravité abstraite du crime de guerre et du crime d'agression

48. La gravité du crime de guerre et du crime d'agression apparaît moindre que celle du crime contre l'humanité et du crime de génocide, en ce qu'ils ne semblent pas explicitement entraîner la négation de l'humanité. Si cette hiérarchie entre les crimes semble exprimer la non pertinence du critère de gravité abstraite, ce critère apparaît d'autant plus insatisfaisant au regard de la variabilité de la gravité abstraite du crime de guerre (1), et de la particularité de la gravité abstraite du crime d'agression (2).

1. La variabilité de la gravité abstraite du crime de guerre

49. La gravité abstraite du crime de guerre apparaît plus difficile à saisir puisqu'elle semble être variable. En effet, d'une part, l'élément contextuel, qui se déduit de la dénomination de cette infraction, soit, la guerre, le conflit armé, n'est pas défini. C'est donc la jurisprudence, dans le cadre de l'affaire Tadíc, qui est venue donner des précisions, en estimant « *qu'un conflit armé existe chaque fois qu'il y a recours à la force armée entre États ou un conflit armé prolongé entre les autorités gouvernementales* *et des groupes armés organisés ou entre de tels groupes au sein d'un État* »[125]. Il y aurait donc deux contextes possibles en ce qui concerne le crime de guerre : le conflit armé international, ou le conflit armé non international. Or, au regard de la définition donnée par la jurisprudence, il apparaît une différence entre les deux. En effet, en ce qui concerne le conflit armé international, le seul recours à la force armée entre États suffit ; tandis que dans le cadre d'un conflit non international, il faut également que ce conflit armé soit prolongé. Or, de telles précisions semblent renvoyer à la gravité, en ce que, pour que le crime de guerre soit suffisamment grave et appartienne ainsi à la catégorie d'infractions internationales par nature, il faut que son contexte soit suffisamment grave. Dès lors, si un conflit armé international semble impliquer nécessairement un contexte de violences menées sur une large échelle, tel ne serait pas le cas du conflit armé non international, et cela expliquerait l'exigence supplémentaire d'un conflit prolongé.

50. La différence entre ces deux contextes se retrouve également au travers de l'article 8 du Statut de Rome qui distingue les actes sous-jacents du crime de guerre selon qu'ils sont commis dans le contexte d'un conflit armé international ou dans le contexte d'un conflit armé non international. En effet, d'une part, la gravité abstraite du crime de guerre serait donc variable, en fonction du contexte dans lequel l'acte est commis, puisqu'il semble ressortir de cette distinction que ce ne sont pas les mêmes actes qui sont réprimés dans le cadre du conflit armé interne, ou dans le cadre du conflit armé international. Mais d'autre part, le nombre de comportements visés concernant

---

125 TPIY, Chambre d'appel, 2 octobre 1995, (IT-94-1), Affaire Tadíc, arrêt relatif à l'appel de la défense concernant l'exception préjudicielle d'incompétence, §70.

les conflits internationaux est bien plus élevé que celui relatif aux conflits internes[126]. Cela semble témoigner d'une répression plus importante des crimes de guerre commis dans le cadre d'un conflit armé international, ce qui signifierait que ceux-ci sont plus graves. Ainsi, la communauté internationale s'inquiéterait plus des conflits internationaux que des conflits internes, ce qui expliquerait ces différences. C'est donc là encore l'expression d'une instrumentalisation du critère de gravité abstraite qui semble apparaître, en ce que le choix de réprimer plus largement les crimes commis dans le contexte d'un conflit armé international résulterait de la volonté de la communauté internationale.

51. La variabilité du crime de guerre apparaît également au travers de la définition des comportements réprimés, en ce que ceux-ci visent des sujets différents. En effet, parmi les actes sous-jacents, il y a des atteintes aux personnes, qu'il s'agisse de civils ou de combattants, mais également des atteintes aux biens, ou encore des atteintes à l'environnement. Ainsi, les atteintes aux biens et à l'environnement seraient suffisamment graves pour devenir des infractions internationales par nature, si elles sont qualifiées de crimes de guerre, soit, rattachées au contexte d'un conflit armé. Pourtant, la gravité abstraite des atteintes à la vie des personnes demeure plus importante. Il y a donc une véritable variabilité de la gravité abstraite au sein du crime de guerre, puisque certains actes sous-jacents apparaissent plus graves que d'autres[127]. Cette variabilité

---

[126] Voir : art. 8 du Statut de Rome, *op. cit.* ; il y a 34 incriminations applicables aux conflits armés internationaux, contre 16 applicables aux conflits armés non internationaux.

[127] Par exemple, l'article 8-2 alinéa b), xii) vise le comportement qui consiste en « *le fait de déclarer qu'il ne sera pas fait de quartier* » , ce qui peut paraître très surprenant au regard d'autres comportements qui consistent en des atteintes à la vie. La différence de gravité apparaît ici

apparaît d'autant plus du fait de la condition, pour certains comportements, de la nécessité militaire, ou de l'exigence militaire selon l'expression du Statut du Tribunal de Nuremberg[128]. En effet, certains actes ne seront considérés comme des crimes de guerre que si leur commission ne peut être justifiée par des nécessités militaires. Par conséquent, ces actes sont suffisamment graves uniquement s'ils ne sont pas justifiés par des nécessités militaires.

52. Ainsi, la gravité abstraite du crime de guerre apparaît extrêmement variable, au point qu'il apparaît difficile de la mesurer. Cependant, le fait que ce crime ne vise pas uniquement des personnes civiles, comme c'est le cas par exemple du crime contre l'humanité et du crime de génocide, semble lui conférer une gravité moindre que celle afférente à ces deux crimes. Il reste que la non pertinence du critère de gravité abstraite apparaît ici encore, en ce que finalement, même au sein des crimes les plus graves, certains comportements sont moins graves que d'autres. Cela n'apporte que de la confusion, en ce que cela exprime le caractère insaisissable de cette notion. Cette confusion est par ailleurs renforcée par la particularité de la gravité abstraite du crime d'agression (2).

2. La particularité de la gravité abstraite du crime d'agression

53. Le cas du crime d'agression est beaucoup plus particulier puisque, contrairement aux autres crimes internationaux, il ne semble pas porter atteinte à la vie ou à la dignité des personnes, mais plutôt à la souveraineté. En effet, d'après le Statut de Rome, le crime d'agression

---

très importante entre la répression d'une déclaration verbale, et un assassinat par exemple.

[128] Art. 6 du Statut Tribunal Militaire de Nuremberg.

correspond à « *la planification, la préparation, le lancement ou l'exécution par une personne effectivement en mesure de contrôler ou diriger l'action politique ou militaire d'un État, d'un acte d'agression qui, par sa nature, sa gravité et son ampleur, constitue une violation manifeste de la Charte des Nations Unies* »[129]. Il est ensuite précisé que l'acte d'agression se définit par « *l'emploi par un État de la force armée contre la souveraineté, l'intégrité territoriale ou l'indépendance politique d'un autre État, ou de toute autre manière incompatible avec la Charte des Nations Unies* » [130]. Ainsi, la gravité abstraite afférente au crime d'agression s'expliquerait pas le fait que ce crime porte une atteinte grave à la souveraineté des États.

54. Cela implique diverses conséquences. D'une part, cela signifie qu'une atteinte à la souveraineté par une guerre d'agression porte atteinte à la paix et à la sécurité de l'humanité. Si cela semble être effectivement le cas, en raison de l'instabilité et du danger qu'implique une guerre d'agression, tout comme les réponses qui seront faites à celle-ci, il semble cependant que l'atteinte à la paix et à la sécurité de l'humanité apparaît avec moins d'intensité que ce n'est le cas pour les autres crimes, qui visent plus spécifiquement des atrocités commises envers des individus. Cependant, le crime d'agression semble également représenter le point de départ risquant de mener à des situations correspondant aux autres crimes internationaux. En effet, une guerre d'agression a généralement pour conséquence la création d'un contexte martial, contexte dans lequel la plupart des autres crimes internationaux, et notamment les crimes de guerre, risquent d'être commis par la suite. Ainsi, il apparaît que le crime d'agression, en ce qu'il favorise la création d'une situation

---

[129] Art. 8 bis-1 du Statut de Rome.
[130] Art. 8 bis-2 du Statut de Rome.

au sein de laquelle des infractions internationales par nature risquent d'être commises, porte effectivement atteinte à la paix et à la sécurité de l'humanité. La gravité abstraite du crime d'agression résulterait donc non seulement de l'atteinte à la souveraineté qu'il implique, mais également de ses conséquences, soit, l'instauration d'un contexte martial favorisant la commission de crimes internationaux.

55. Par ailleurs, la particularité du crime d'agression tient également à son auteur et à son objet. En effet, l'auteur doit être « *une personne effectivement en mesure de contrôler ou diriger l'action politique de l'État* » [131], et l'emploi de la force armée doit viser « *la souveraineté, l'intégrité territoriale ou l'indépendance politique d'un autre État* » [132]. L'auteur du crime d'agression apparaît donc être l'État, ou une personne en mesure de contrôler ou diriger son action politique, mais l'État est également l'objet du crime d'agression. Ce crime exprime en réalité la raison d'être des infractions internationales par nature, et notamment le fait que si elles sont graves et doivent donc être réprimées au plan international, c'est parce que « *l'auteur en est l'État ou des groupes puissants ayant l'appui de cet État : un État ne poursuivra jamais un crime organisé ou perpétré par lui-même* » [133]. Ainsi, la gravité abstraite étant le fondement de l'internationalisation des infractions internationales par nature, la gravité abstraite du crime d'agression semble être justifiée par la nécessité de lutter contre le risque important d'impunité qui résulte de la nature de l'auteur, à savoir, l'État. Car en effet, ce qui porte atteinte à la paix et à la sécurité de l'humanité, c'est bien la commission d'actes de grande ampleur, mais également la

---

[131] Art. 8bis-1 du Statut de Rome.
[132] Art. 8bis-2 du Statut de Rome.
[133] R. LEMKIN, *Qu'est-ce qu'un génocide ?*, Paris, Ed. du Rocher, Coll. « Démocratie et totalitarisme », 2008, *op.cit.*, p. 244.

crainte de ne jamais voir ces actes réprimés, du fait de l'implication de l'État.

56. Ainsi, il semble véritablement exister une hiérarchie entre les crimes au regard de la gravité abstraite. Cette hiérarchie semble par ailleurs apparaître au travers d'autres dispositions du Statut de Rome, et notamment à l'article 33 qui concerne l'ordre hiérarchique et l'ordre de la loi. En effet, cet article admet sous certaines conditions cumulatives, l'exonération de la responsabilité pénale du fait de la commission du crime sur ordre d'un gouvernement ou d'un supérieur militaire ou civil. L'une des conditions tient notamment au fait que « *l'ordre n'ait pas été manifestement illégal* » [134]. Or, le même article précise par la suite que, « *l'ordre de commettre un génocide ou un crime contre l'humanité est manifestement illégal* » [135]. Cela signifie qu'il y a une dérogation simple et irrévocable à l'exonération de responsabilité pénale du fait de l'ordre du gouvernement ou du supérieur hiérarchique, uniquement en ce qui concerne le génocide et le crime contre l'humanité, ce qui semble exprimer une gravité plus importante de ces deux crimes par rapport aux autres infractions internationales par nature.

57. Si tous les crimes n'ont pas la même gravité abstraite, en ce que certains seraient plus graves que d'autres, l'absence d'autres crimes au sein de la catégorie d'infractions internationales par nature, n'apparaît pas véritablement justifiée. Finalement, l'important pour que ces crimes soient des infractions internationales par nature, c'est qu'ils portent atteinte à la paix et à la sécurité de l'humanité, quand bien même certains seraient plus graves que d'autres. Quoi qu'il en soit, cela montre à quel point la

[134] Art. 33- 1 alinéa c) du Statut de Rome.
[135] Art. 33-2 du Statut de Rome.

gravité abstraite est insaisissable, et que l'ériger en critère d'identification du droit international pénal n'apparaît pas pertinent. Dès lors, faire de cette notion insaisissable le critère d'identification de la catégorie d'infractions internationales par nature a pour conséquence de permettre de justifier des choix très discutables. En effet, du fait de l'importance de la gravité abstraite de ces crimes, des aménagements à certains principes fondamentaux du droit pénal ont pu être admis. Ainsi, si la gravité abstraite semblait être un critère de définition, elle semble également être un critère de dérogation (Section 2).

Section 2. L'utilisation dérogatoire de la gravité abstraite

58. Les délimitations fondées sur la gravité abstraite ont permis des dérogations à certains principes fondamentaux du droit pénal. En effet, la notion de gravité demeurant insaisissable, il semble difficile de véritablement satisfaire certains principes tels que le principe de légalité criminelle, ou encore, les principes relatifs à la responsabilité pénale. Si certains choix peuvent être considérés comme des adaptations nécessaires à la spécificité de la matière, cette spécificité résulte notamment de la gravité abstraite, ce qui rend ces adaptations véritablement discutables. Il apparaît donc que la gravité abstraite justifie une dérogation au principe de légalité (§1), mais également l'existence d'aménagements dérogatoires dans le domaine de la responsabilité pénale (§2). Or, cela semble véritablement permettre d'affirmer que le critère de gravité abstraite pour identifier le droit international pénal n'est pas satisfaisant.

§1. La dérogation au principe de légalité

59. Le principe de légalité est un principe fondamental en matière pénale. Dans un sens formel, il signifie qu'il n'y a pas d'incrimination sans texte (*nullum crimen sine lege*), ni de peine sans texte (*nulla poena sine lege*). Mais le principe de légalité peut également être entendu dans un sens matériel, impliquant la nécessité pour toute norme pénale, y compris non écrite, de satisfaire aux principes de prévisibilité, qui signifie que la norme doit être prévisible et accessible, et de proportionnalité[136]. De ce principe de

[136] PIN Xavier, *Droit pénal général*, Dalloz, 11e édition, 2020, p. 24

légalité découlent plusieurs corollaires, et notamment le principe de non rétroactivité, qui signifie qu'une loi pénale ne s'applique que pour l'avenir, puisqu'il n'est « *pas possible dans un État de droit, de punir une personne sur le fondement d'une règle qu'elle ne pouvait pas connaître* » [137]. Ces principes ont été consacrés en droit international par le Statut de Rome, et notamment le principe de légalité des crimes et des peines[138], ainsi que le principe de non rétroactivité de la norme pénale[139]. Pourtant, le droit international pénal a subi de nombreuses critiques quant au respect du principe de légalité et de ses corollaires. Il apparaît que le principe de légalité n'ait pas été satisfait en la matière (A), et que la gravité abstraite, cette gravité suprême qui permet de faire de certains crimes des infractions internationales par nature, ait joué un rôle dans cette dérogation faite au principe de légalité (B).

A. Le non-respect du principe de légalité en droit international pénal

60. « *Sur le plan de la rétroactivité, le déficit de légalité résulte de l'expérience historique, à savoir qu'en 1946, le droit international pénal n'était pas suffisamment élaboré* » [140]. En effet, en 1946, lors des procès de Nuremberg, le Statut du Tribunal de Nuremberg a érigé des incriminations qui n'étaient pas définies textuellement auparavant, ce qui a donné lieu à une application rétroactive de ces incriminations[141]. Ce fut notamment le cas du crime contre

---

[137] *Ibid.* p. 107.

[138] Art. 22 et 23 du Statut de Rome.

[139] Art. 24 du Statut de Rome.

[140] DE FROUVILLE Olivier, *Droit international pénal, Sources, Incrimination, Responsabilité*, A. Pedone, 2012, *op. cit.*, p.36

[141] Voir : DONNEDIEU DE VABRES, H., « Le procès de Nuremberg devant les principes modernes du droit pénal international (Volume 70) » , in: *Collected Courses of the Hague Academy of International Law*,

l'humanité, mais également, de façon plus nuancée, du crime de guerre et du crime contre la paix, appelé aujourd'hui crime d'agression.

61. En effet, d'une part, lors de la rédaction du Statut de Nuremberg, apparaît la « *notion neuve* » [142] de crime contre l'humanité[143]. Ce crime, érigé en infraction internationale par nature du fait de sa gravité abstraite, n'était pas défini, ni véritablement incriminé auparavant. Pourtant certains auteurs[144] ont invoqué l'existence de déclarations des droits fondamentaux[145], qui induiraient une incrimination de ce crime, qui porterait atteinte aux droits fondamentaux au travers de l'atteinte à la paix et à la sécurité de l'humanité. Cela n'est cependant pas suffisant pour satisfaire le principe de légalité, et notamment son corollaire, le principe de non rétroactivité de la loi pénale. Par ailleurs, l'atteinte au principe de non rétroactivité de la norme pénale apparaît avoir été admis par les rédacteurs du Statut puisque ceux-ci ont cherché à cantonner la répression du crime contre l'humanité aux actes commis de manière connexe à un crime contre la paix, ou à un crime de guerre[146]. De plus, émerge également ici une atteinte aux principes d'accessibilité et de prévisibilité de la norme pénale. En

---

First published online: 1947 : « *Le Tribunal militaire international est une juridiction* ad hoc, *dont l'institution est postérieure aux infractions qu'il reçoit mission de réprimer. Les incriminations sont vagues, les peines presque entièrement laissées à l'appréciation discrétionnaire des juges* » , p. 486.

[142] Ibid. p. 505.

[143] Art. 6 Statut du Tribunal Militaire International de Nuremberg.

[144] Notamment Henri Donnedieu de Vabres ; voir : DONNEDIEU DE VABRES, H., « Le procès de Nuremberg devant les principes modernes du droit pénal international (Volume 70) » , in: *Collected Courses of the Hague Academy of International Law*, *op.cit.*

[145] *Déclaration internationale des droits de l'homme et du citoyen*, 1929, Institut de droit international.

[146] Art. 6 c) du Statut du Tribunal Militaire de Nuremberg, *op.cit.*

effet, le principe de légalité implique que nul ne doit pouvoir être poursuivi et puni si l'interdiction et la sanction ne sont pas prévues par la loi, ni suffisamment prévisibles[147]. Or, en ce qui concerne le crime contre l'humanité, ce n'était pas le cas, puisque, à l'époque de la mise en place du Tribunal de Nuremberg, c'était une notion neuve. De plus, l'évolution de l'élément contextuel du crime contre l'humanité de 1945 à 1998[148] a fait perdurer cette atteinte au principe de légalité, et plus précisément, aux principes de prévisibilité et d'accessibilité de la norme pénale.

62. D'autre part, en ce qui concerne le crime contre la paix et le crime de guerre, l'existence d'une atteinte au principe de légalité peut être nuancée. En effet, au regard du principe de non rétroactivité, si le crime de guerre n'était pas en tant que tel, incriminé auparavant, de nombreux textes[149] imposaient déjà des obligations en la matière, notamment concernant le sort des prisonniers ou des blessés de guerre. Il en va de même du crime contre la paix, devenu crime d'agression, puisque des résolutions internationales l'avaient déjà qualifié de « *crime international* », ou même de « *crime contre la paix* » [150]. De plus, il existait de

---

[147] PIN Xavier, *Droit pénal général*, 2020, 11e édition, Dalloz, *op. cit.*, p.51

[148] Voir *Supra*, sur la variabilité dans le temps de la gravité abstraite du crime contre l'humanité.

[149] Par exemple, les *Règlements des lois et coutumes de la guerre sur terre* annexés aux deux conventions de La Haye (1899 et 1907), ou encore la Convention de Genève du 22 août 1864 *pour l'amélioration du sort des blessés et malades dans les armées en campagne*, révisée d'abord en 1906, puis en 1929.

[150] Henri Donnedieu de Vabres renvoie ici à une Résolution de la Société des Nations de 1927, et à une Résolution votée en 1928 par les vingt et une républiques représentées à la sixième Conférence panaméricaine ; voir : DONNEDIEU DE VABRES, H., « Le procès de Nuremberg devant les principes modernes du droit pénal international

nombreux pactes de non-agression, notamment des traités bilatéraux, signés par l'Allemagne[151] avec d'autres États. Or, la violation d'un traité n'est pas nécessairement source d'une infraction pénale. Mais surtout, la violation d'un traité est-elle suffisamment grave pour devenir une infraction internationale par nature, et ainsi justifier une dérogation au principe de légalité ? Si cela peut en effet servir d'avertissement pour les auteurs des crimes contre la paix et des crimes de guerre, cela demeure toutefois insuffisant pour satisfaire le principe de légalité et notamment son corollaire, le principe de non rétroactivité, puisque ces principes imposent l'existence d'une norme pour « *pour « incriminer » un comportement, c'est-à-dire le définir, l'interdire et le punir* » [152]. Or, aucun des crimes présents dans le Statut du Tribunal de Nuremberg n'était défini auparavant, et c'est d'autant plus vrai pour le crime d'agression qui ne fut défini qu'en 2010[153]. Cela n'apparaît donc pas non plus suffisant pour satisfaire les principes d'accessibilité et de prévisibilité. Pourtant, le Tribunal de Nuremberg a affirmé que « *indépendamment des traités, les lois de la guerre se dégagent d'us et coutumes progressivement et universellement reconnus* » [154]. Or, en faisant référence à la coutume, et en utilisant le terme

---

(Volume 70) » , in: *Collected Courses of the Hague Academy of International Law.*, *op. cit.*, p.492.

[151] Quelques exemples : Traité de non-agression germano-polonais du 26 janvier 1934 ; Traité de non-agression germano-soviétique du 23 août 1939 ou encore le fameux Pacte de Briand Kelogg.

[152] LEMASSON Aurélien, « Justice internationale pénale : institutions » , in *Répertoire de droit pénal et de procédure pénale*, Dalloz, 2019, §.48

[153] Résolution RC/Res 6, Conférence de révision du Statut de Rome de la Cour pénale internationale, à Kampala, le 11 juin 2010, ajoutant des amendements sur le crime d'agression du Statut de Rome de la Cour Pénale Internationale.

[154] Tribunal Militaire International de Nuremberg, 14 novembre 1945 - 1er octobre 1946, *Procès des grands criminels de guerre*, p. 233.

« *universel* » , le Tribunal semble considérer que ces infractions existaient auparavant, sous la forme de droit non écrit. Il reste que ces comportements n'étaient pas définis, et cette situation a perduré pour certains crimes internationaux. De plus, au-delà de la définition des crimes internationaux, ce sont également les peines qui ne sont pas définies par les Statuts. Cela est le cas du Statut de Rome, qui pourtant, admet le principe *nulla poena sine lege*, mais ne fait que préciser « *qu'une personne qui a été condamnée par la Cour ne peut être punie que conformément aux dispositions du présent Statut* » [155].

63. Ainsi, des personnes ont donc été poursuivies pour des infractions définies dans aucun texte au moment de leur commission. Il semblerait donc que de telles dérogations, pour ne pas parler de violations, soient liées à la gravité abstraite des infractions internationales par nature. Il reste à comprendre quel est le rôle de la gravité abstraite dans la dérogation au principe de légalité (B).

B. Le rôle de la gravité abstraite dans la dérogation au principe de légalité

64. La gravité abstraite semble être la justification de cette dérogation au principe de légalité. D'après la doctrine, ce serait « *l'horreur des crimes, ressentis par l'ensemble de la communauté internationale, qui conduisait à écarter une application rigide du principe de légalité* » [156]. Ainsi, cela renvoie au fait que ces crimes « *touchent l'ensemble de la communauté internationale* »[157], et portent ainsi atteinte à

[155] Art. 23 du Statut de Rome.

[156] BASSIOUNI, Cherif, « Expérience des premières juridictions pénales internationales » , in H. ASCENSIO, E. DECAUX et A. PELLET, *Droit international pénal*, op. cit., p. 650.

[157] Art. 5 du Statut de Rome, *op.cit.*

la « *paix et à la sécurité de l'humanité* » [158], c'est -à -dire, à la gravité abstraite de ces crimes. Ce serait donc la gravité abstraite de ces crimes qui justifierait cette dérogation au principe de légalité. Or, cela soulève de graves interrogations puisque « *le manquement au principe de légalité est une constante dans les sociétés autoritaires ou totalitaires dont l'autorité repose en grande partie sur le caractère arbitraire du pouvoir* » [159]. Or, considérer que la gravité abstraite, dont l'appréciation est laissée à la communauté internationale, puisse permettre de justifier une dérogation au principe de légalité, semble être une manifestation de l'arbitraire[160].

65. De nombreux arguments semblent pourtant aller en faveur de l'idée selon laquelle la gravité abstraite des infractions internationales par nature justifierait une dérogation au principe de légalité, et notamment de son corollaire, le principe de non rétroactivité. D'une part, semble se dégager l'idée selon laquelle la répression de ces crimes, du fait de leur gravité abstraite suprême, prime sur le respect des principes classiques de droit pénal. En effet, d'après Y. Jurovics, « *il est évidemment bien plus juste, et donc juridiquement supérieur, de punir l'auteur d'actes portant préjudice à l'humanité que de satisfaire le*

---

[158] LALY-CHEVALIER Caroline et MARIE Elsa, « Commentaire de l'article 5 du Statut de Rome » , in *Statut de Rome, Commentaire article par article*, Tome I, sous la direction de FERNANDEZ Julien, PACREAU Xavier, UBEDA-SAILLARD Muriel, A. Pedone, 2e édition, 2019, p. 523, *op. cit.*

[159] DE FROUVILLE Olivier, *Droit international pénal, Sources, Incrimination, Responsabilité*, A. Pedone, 2012, *op. cit.*, p. 29.

[160] D'après Donnedieu de Vabres, serait « *simpliste et arbitraire la formule suivant laquelle ce principe serait une règle de droit interne, étrangère aux rapports internationaux* » , voir DONNEDIEU DE VABRES Henri, « Le procès de Nuremberg devant les principes modernes du droit pénal international » , *op. cit.*, p. 502.

formalisme d'un principe d'une force toute relative ouvert à tant d'exceptions » [161]. La gravité abstraite suprême des infractions internationales par nature surpasserait tout, et afin de pouvoir les réprimer, le non-respect du principe de légalité, et plus précisément, de non-rétroactivité, pourrait être admis. Cela rejoint finalement l'idée selon laquelle, la spécificité du droit international pénal nécessite des adaptations, puisque c'est à la gravité suprême qui le caractérise qu'il faut s'adapter. À ce propos, le Tribunal de Nuremberg a affirmé que « *ce droit n'est pas immuable, il s'adapte sans cesse aux besoins d'un monde changeant* » [162]. Pour autant, il s'agit toujours de droit pénal, et par conséquent, la légalité criminelle et la non rétroactivité s'imposent. D'autant plus que s'il s'agit de principes visant à cantonner le pouvoir répressif, la source fortement imprégnée de politique du droit international pénal pose encore plus question quant à l'utilisation de la gravité abstraite pour déroger au principe de légalité. En effet, la gravité abstraite, qui permet d'ériger des crimes en infractions internationales par nature, pour lesquelles il a donc pu être possible de déroger au principe de rétroactivité, est appréciée par la communauté internationale. Or, la doctrine admet également que « *souvent issues de négociations politiques et diplomatiques , les normes internationales sont moins soumises au légalisme technique et rigoureux des mécanismes internes de législation* » [163]. Ainsi, cette dérogation serait le fait d'une instrumentalisation de la gravité par la communauté internationale. Par ailleurs, la

---

[161] JUROVICS Yann, « Le procès international pénal face au temps » , *Revue de Science Criminelle*, 2001, p. 781 à 798.

[162] Tribunal Militaire International de Nuremberg, 14 novembre 1945 - 1er octobre 1946, *Procès des grands criminels de guerre*, p. 233, *op. cit.*

[163] JUROVICS Yann, « Le procès international pénal face au temps » , *Revue de Science Criminelle*, 2001, p. 781 à 798, *op. cit.*

Convention européenne des droits de l'Homme semble viser une exception similaire au principe de légalité concernant les actes reconnus « *criminels d'après les principes généraux reconnus par les nations civilisées* » [164]. Cela semble confirmer que la communauté internationale a utilisé la gravité abstraite de ces crimes pour justifier une atteinte au principe de légalité.

66. D'autre part, un grand nombre d'arguments indiquent qu'il n'y a pas de manquement au principe, ou simplement une adaptation du principe, du fait de l'existence des crimes, qui peut être qualifiée de « *naturelle* » . En effet, ce qui est naturel se définit comme « *ce qui est conforme à l'ordre des choses, au bon sens, à la logique* » [165]. Cela rejoint ainsi l'idée d'un droit naturel, l'idée qu'il existerait un ordre naturel et supérieur, qu'il existerait des règles de droit préexistantes à la volonté de la communauté internationale[166]. Dès lors, d'une part, cela revient à considérer que ces infractions internationales par nature sont graves parce que finalement, leur existence proviendrait de règles dites naturelles. Mais surtout, cela permet à la communauté internationale de ne pas être à l'origine du choix d'ériger ces crimes en tant qu'infraction internationale par nature. En réalité, il est difficile de savoir si c'est à ce droit naturel ou à la coutume qu'il est fait référence dans les arguments en faveur d'une dérogation ou d'une adaptation du principe de légalité. En ce sens, le Tribunal de Nuremberg a pu déclarer que « *souvent, les*

[164] Convention européenne de sauvegarde des droits de l'Homme, 1950, article 7-2 : « *Le présent article ne portera pas atteinte au jugement et à la punition d'une personne coupable d'une action ou d'une omission qui, au moment où elle a été commise, était criminelle d'après les principes généraux de droit reconnus par les nations civilisées* »
[165] Dictionnaire en ligne du Centre national de ressources textuelles et lexicales, *op. cit.*, . définition de « *naturel* » .
[166] Ce qui semble se rapporter à la coutume internationale.

traités ne font qu'exprimer et préciser les principes d'un droit déjà en vigueur » [167]. De manière plus explicite, la doctrine considère que « *les textes supranationaux sont moins constitutifs que déclaratifs d'une coutume internationale qui leur préexiste à l'état nébuleux* » [168]. Quoi qu'il en soit, quand bien même il serait fait référence à la coutume ou au droit naturel, le droit non écrit n'échappe pas au principe de légalité, puisqu'il est reconnu dans les systèmes de Common Law. Le versant matériel du principe de légalité implique que toute norme, y compris non écrite, doit être conforme notamment aux principes d'accessibilité de prévisibilité[169]. Il semblerait donc que ce soit plutôt l'universalité du droit international pénal, universalité qui est liée à la gravité abstraite afférente aux infractions internationales par nature, qui semble justifier une telle dérogation au principe de légalité. Cette dérogation n'apparaît pas pour autant légitime, notamment au regard de la source du droit international pénal. De plus, le fondement de l'universalité permet également à la communauté internationale de se justifier. Or, d'après la doctrine, « *aussi nuisible qu'il soit aux États et à l'humanité tout entière, un agissement ne peut être sanctionné que s'il est prévu et réprimé légalement* » [170].

---

[167] Tribunal Militaire International de Nuremberg, 14 novembre 1945 - 1er octobre 1946, *Procès des grands criminels de guerre*, p. 233, *op. cit.*,

[168] LEMASSON Aurélien, « Justice internationale pénale : institutions » , in *Répertoire de droit pénal et de procédure pénale*, Dalloz, 2019, *op. cit.*, §.49.

[169] PIN Xavier, *Droit pénal général*, Dalloz, 11e édition, 2020, *op. cit.*, p. 24.

[170] LEMASSON Aurélien, « Justice internationale pénale : institutions » , in *Répertoire de droit pénal et de procédure pénale*, Dalloz, 2019, *op. cit.*, §.48.

67. En réalité, il semblerait que le fait même d'ériger la gravité abstraite en critère d'identification du droit international pénal, ait pour conséquence de porter atteinte au principe de légalité. En effet, la notion de gravité étant insaisissable et variable, un tel fondement ne peut satisfaire au principe de légalité et à ses corollaires. La gravité irriguant l'ensemble du droit international pénal, celui-ci en devient inaccessible et imprévisible, puisque cette notion de gravité n'est elle-même jamais définie. Dès lors, il est très difficile de prévoir quels comportements sont susceptibles d'être érigés en infractions internationales par nature. En effet, si la gravité abstraite des infractions internationales par nature se mesure notamment au regard de l'élément contextuel[171], il a été démontré toute la variabilité de ce critère. C'est notamment le cas de la gravité abstraite du crime contre l'humanité, qui a varié dans le temps du fait de l'évolution de son élément contextuel ; ou encore de la gravité variable du crime de guerre en fonction du contexte, ou pour certains actes sous-jacents, au regard de la condition de nécessité militaire.

68. Il est donc aisé pour la communauté internationale d'instrumentaliser la gravité abstraite pour déterminer ce qui est suffisamment grave ou non pour devenir une infraction internationale par nature, et cela est d'autant plus problématique que cette instrumentalisation permet le non-respect de certains principes fondamentaux du droit pénal. En effet, outre le principe de légalité, ce sont également les principes relatifs à la responsabilité pénale qui semblent faire l'objet d'aménagements (§2).

§2. L'existence d'aménagements dérogatoires dans le domaine de la responsabilité pénale

---

[171] Voir. *Supra* : la variabilité de l'élément contextuel dans le crime contre l'humanité.

69. Il apparaît que la gravité abstraite des crimes internationaux justifie également certains aménagements dérogatoires dans le domaine de la responsabilité. En effet, il semble que les principes de responsabilité pénale ne soient pas satisfaits (A), mais également, il apparaît que les obstacles à l'engagement de la responsabilité pénale classiquement admis aient été neutralisés (B).

A. La dérogation aux principes de responsabilité pénale

70. Paradoxalement, il semblerait que la gravité abstraite afférente aux infractions internationales exige un encadrement strict de la responsabilité pénale internationale (1). Pourtant, la gravité abstraite a également pu justifier une dérogation au principe de responsabilité individuelle (2).

1. L'encadrement strict de la responsabilité pénale internationale

71. D'après la doctrine, *« la gravité afférente à la notion d'infraction internationale commande un strict encadrement de la responsabilité pénale internationale pour que les condamnations soient réservées aux seuls participants ayant voulu que leur comportement s'intègre à un processus de destruction d'une collectivité »* [172]. Ainsi, seule une responsabilité pénale adaptée au droit international pénal et donc à la gravité abstraite qui l'imprègne, devrait être admise. Or, pour cela, et compte tenu du caractère massif des infractions internationales par nature, il est possible de penser que le droit international pénal admet la responsabilité des groupements, et plus

---

[172] BARDET Marie, *La notion d'infraction internationale par nature, Essai d'une analyse structurelle*, Bordeaux, 2020, *op.cit.*, p. 523, §832.

précisément, des personnes morales. En effet, de nombreux exemples témoignent de la réalité de la participation des groupements à des infractions internationales par nature. Tel est le cas des entreprises qui ont fourni, en connaissance de cause, le gaz utilisé par les nazis ; ou encore, les radios et autres sociétés de communications encourageant le génocide au Rwanda ; ou simplement les organisations nazies telles que les SS par exemple[173]. Malgré ces nombreux exemples, les différents statuts des juridictions pénales internationales ont renoncé au principe d'une responsabilité des personnes morales, au profit d'une responsabilité individuelle des seules personnes physiques[174].

72. L'absence de responsabilité des personnes morales peut également surprendre en ce sens que les infractions internationales par nature sont le résultat d'entreprises d'ensembles[175], soit, des infractions réalisées par un groupe de personnes. Ainsi, en pratique, la difficulté de punir les auteurs d'infractions internationales par nature sans prendre en compte la responsabilité des groupements est apparue. En ce sens, le Statut du Tribunal de Nuremberg précisait d'ailleurs en son article 9, qu'il était possible pour le Tribunal de déclarer un groupement comme étant une organisation criminelle, ce qui permettait par la suite de poursuivre tout individu affilié à ce groupe[176]. Pourtant, la

[173] Exemples cités dans : CHAUMETTE Anne-Laure. « Les personnes pénalement responsables » , in ASCENSIO Hervé and DECAUX Emmanuel and PELLET Alain, *Droit international pénal*, Pedone, pp.477–487, 2012.
[174] Art. 6 du Statut du TMI de Nuremberg ; art. 6 et 7 du Statut du TPIY ; art. 5 et 6 du Statut du TPIR ; art. 25-1 et 25-2 du Statut de Rome.
[175] Au sujet de la notion d'entreprise d'ensemble, voir : BARDET Marie, *La notion d'infraction internationale par nature, Essai d'une analyse structurelle*, Bordeaux, 2020, *op.cit.*
[176] Art. 9 du Statut du Tribunal de Nuremberg.

responsabilité des groupements, et plus particulièrement, le principe de la responsabilité des personnes morales, n'a pas été reconnu. Or, d'après la doctrine, l'enjeu de l'internationalisation est surtout lié à la nature de l'auteur du crime. En ce sens, Lemkin considère que « *traiter le génocide en crime national seulement n'aurait aucun sens, puisque, par sa nature même, l'auteur en est l'État ou des groupes puissants ayant l'appui de cet État : un État ne poursuivra jamais un crime organisé ou perpétré par lui-même* » [177]. Or, cette responsabilité n'existe pas en droit international pénal et ce pour plusieurs raisons.

73. D'une part, il y a cette idée selon laquelle la gravité abstraite des infractions internationales par nature implique un encadrement strict de la responsabilité en droit international pénal. Si seules les personnes les plus gravement responsables doivent ainsi être poursuivies, il peut s'entendre que les personnes physiques, quand bien même elles agissent en représentation d'une personne morale, sont celles qui peuvent agir le plus gravement. D'autre part, il y a bien sûr la réticence des États, car pour un grand nombre, la responsabilité pénale des personnes morales leur est inconnue. Mais cette réticence n'est pas la seule raison du refus d'admettre une responsabilité des personnes morales en droit international pénal. En effet, c'est également le résultat de la crainte des États de voir des organisations étatiques mises en cause, y compris des entreprises qui seraient profitables à l'État. Comme le disait Lemkin, les groupes qui ont l'appui de l'État ne seront jamais dénoncés par les États. Mais surtout, la communauté internationale craignait d'ouvrir la porte à l'engagement de la responsabilité de l'État lui-même. Donc en réalité, la

---

[177] LEMKIN Raphaël, *Qu'est-ce qu'un génocide ?*, Paris, Ed. du Rocher, Coll. « Démocratie et totalitarisme », 2008, *op.cit.*, p. 244.

gravité abstraite des infractions internationales par nature implique un encadrement restrictif de la responsabilité pénale internationale, et cet encadrement restrictif consisterait notamment à exclure la responsabilité pénale des personnes morales. Or, puisque la gravité abstraite est appréciée par les États, cet encadrement restrictif visant à écarter la possibilité d'engager la responsabilité de l'État, résulte de la volonté de la communauté internationale. Ainsi, là encore semble apparaître une utilisation instrumentalisée de la gravité abstraite

74. C'est la raison pour laquelle l'encadrement strict de la responsabilité pénale internationale consiste à permettre la poursuite des personnes les plus gravement responsables. Dès lors, en l'absence de possibilité de poursuivre les entreprises d'ensemble, ce sont les dirigeants de ces entreprises qui ont été visés. C'est pourquoi l'objectif du droit international pénal apparaît être de prioriser la poursuite des hauts dirigeants. Mais cette priorité donnée à la poursuite des hauts dirigeants du fait de la gravité abstraite des crimes, ne se retrouve pas véritablement au travers des modes d'imputations existant en droit international pénal. En effet d'une part, les infractions internationales par nature consistent en la commission d'un acte sous-jacent, acte rattaché à un contexte particulier, soit, l'élément contextuel. Ainsi, la commission individuelle, tout comme la commission conjointe[178], fonctionnent difficilement, puisque ce sont rarement les hauts dirigeants qui commettent les crimes sous-jacents. Or, admettre la commission indirecte[179] semble constituer une exception au

---

[178] Art. 25-3 alinéa a) du Statut de Rome : « *elle commet un tel crime, que ce soit individuellement, conjointement avec une autre personne ou par l'intermédiaire d'une autre personne, que cette autre personne soit ou non pénalement responsable* » .
[179] *Ibid.*

principe de responsabilité individuelle, et la responsabilité du supérieur hiérarchique[180] ne semble pouvoir s'appliquer qu'aux chefs directs, et non aux hauts dirigeants.

75. Quoi qu'il en soit, les choix qui ont été faits dans le domaine de la responsabilité pénale témoignent des nombreuses difficultés apportées par le critère de la gravité abstraite. Ces choix semblent résulter de compromis, ce qui donne lieu à de nombreuses incohérences. Ainsi, malgré la volonté exprimée d'encadrer strictement la responsabilité pénale internationale, le principe de responsabilité individuelle n'est pas toujours respecté. La gravité abstraite des infractions internationales par nature semble également justifier des dérogations au principe de responsabilité individuelle (2).

2. La dérogation au principe de responsabilité individuelle

76. « *On a fait valoir que le Droit international ne vise que les actes des États souverains et ne prévoit pas de sanctions à l'égard des délinquants individuels (...). Ce sont des hommes et non des entités abstraites qui commettent les crimes dont la répression s'impose, comme sanction du droit international (...)* » [181]. Lors de la rédaction du Statut de Nuremberg, le principe de la responsabilité individuelle a été consacré en droit international pénal à l'article 6 de ce Statut[182]. Le principe de la responsabilité individuelle a été

---

[180] Art. 28 du Statut de Rome.

[181] Tribunal Militaire International de Nuremberg, 14 novembre 1945 - 1er octobre 1946, *Procès des grands criminels de guerre*, op. cit., p. 235.

[182] Art. 6 du Statut du Tribunal Militaire International de Nuremberg : « *les actes suivants, ou l'un quelconque d'entre eux, sont soumis à la juridiction du Tribunal et entraînent une responsabilité individuelle* » .

conservé par la suite[183]. Le principe de la responsabilité individuelle implique que la répression pénale doit avoir lieu uniquement pour un acte imputable personnellement à un individu. *A contrario*, cela signifie qu'une personne ne peut être responsable pénalement du fait d'un acte commis par autrui. Le principe de la responsabilité individuelle constitue une garantie fondamentale en matière pénale puisqu'il vise à empêcher la répression arbitraire.

77. Or, il apparaît que ce principe a pu être relativisé en droit international pénal. En effet, malgré la consécration du principe de la responsabilité individuelle à l'article 7, alinéa 1) du Statut du Tribunal pénal international pour l'ex-Yougoslavie[184], la jurisprudence a dégagé un mode d'imputation particulier : l'entreprise criminelle commune. C'est notamment dans le cadre de l'affaire Tadíc, dans un arrêt d'appel[185], que cette notion est apparue. Après avoir rappelé que « *le postulat est qu'en droit international pénal comme dans les systèmes juridiques internes, la responsabilité pénale repose sur le principe de culpabilité individuelle* » [186], le Tribunal pose l'exception suivante : « *toutefois, on considère que la perpétration de l'un des crimes visés aux articles 2, 3, 4 ou 5 du Statut peut aussi revêtir la forme d'une participation à la réalisation d'un dessein ou d'un but commun* » [187]. Or, les articles visés sont les articles définissant les infractions internationales par nature pour lesquels le Tribunal est compétent, à savoir les infractions graves aux lois et coutumes de la guerre et les

---

[183] Art. 6 du Statut du TMI de Nuremberg ; art. 7 du Statut du TPIY ; art. 6 du Statut du TPIR ; art. 25-2 du Statut de Rome ; *op. cit.*

[184] Art 7, *Responsabilité individuelle*, du Statut du Tribunal Pénal International pour l'ex-Yougoslavie.

[185] TPIY, Chambre d'appel, 15 juillet 1999, IT-94-1-A, *Le Procureur c. Dusko Tadíc.*

[186] *Ibid.* p. 82, §. 186.

[187] *Ibid.* p. 83, §.188.

violations graves des conventions de Genève de 1949, qui peuvent être réunis sous la dénomination de crime de guerre, ainsi que le crime contre l'humanité et le génocide. Ainsi, il existerait une exception au principe de la responsabilité individuelle en ce qui concerne les infractions internationales par nature. Dès lors, si seules cette catégorie d'infraction, soit, *« les crimes les plus graves »* [188] peuvent donner lieu à une telle exception, cela semble signifier que c'est ici encore la gravité abstraite de ces crimes qui justifie cette dérogation. Or, cette dérogation apparaît problématique au regard de la définition de l'entreprise criminelle commune.

78. En effet, le Tribunal, dans l'arrêt précité, s'attache à expliquer en quoi consiste le mode d'imputation de l'entreprise criminelle commune, qui consiste à appréhender des actes de criminalité collective sur le fondement d'un but commun[189]. Le Tribunal dégage ainsi trois types d'entreprises criminelles communes. Le premier viserait la situation où tous les coaccusés ont la même intention criminelle, quand bien même les actes réalisés par les coaccusés pour réaliser ce but commun ne seraient pas identiques[190]. Le deuxième vise les situations particulières des camps de concentration[191], mais c'est surtout la dernière catégorie qui apparaît critiquable. En effet, le dernier type d'entreprise criminelle commune concerne les situations dans lesquelles « *l'un des auteurs commet un acte qui, s'il ne procède pas du but commun, est néanmoins une conséquence naturelle et prévisible de sa mise en œuvre* »

---

[188] Art. 5 du Statut de Rome, *op cit.*

[189] TPIY, Chambre d'appel, 15 juillet 1999, IT-94-1-A, *Le Procureur c. Dusko Tadíc*, *op. cit.*, §.195.

[190] *Ibid.* §.196.

[191] *Ibid.* §.202.

[192]. Cela signifie donc que si cette situation se présente, l'acte commis par cet individu pourra également être imputable aux autres membres de la collectivité criminelle, quand bien même cet acte ne présenterait aucun lien avec la réalisation du but commun du groupe. Ainsi, si le principe même de la responsabilité individuelle semble être remis en cause par la notion d'entreprise criminelle commune, c'est d'autant plus le cas concernant cette dernière catégorie, puisqu'il apparaît ici extrêmement difficile de caractériser une intention criminelle des membres pour l'acte réalisé par un seul individu, sans lien avec la réalisation du but commun. Un acte criminel peut être imputé à une autre personne simplement parce qu'elle appartient à un groupe ayant un but criminel commun, mais il est également possible de lui imputer cet acte, y compris si l'intention criminelle était complètement différente. Ainsi, toutes les garanties assurées par le principe de la responsabilité individuelle semblent être supprimées, et ce uniquement parce qu'il s'agit de réprimer des infractions internationales par nature, autrement dit, uniquement du fait de la gravité abstraite de cette catégorie d'infractions.

79. De plus, c'est là encore une manifestation de la dérogation au principe de légalité que la gravité abstraite de ces infractions permet. En effet, ce mode d'imputation n'est pas prévu par le Statut, ni par aucun texte, et pourtant le Tribunal affirme que « *la notion de dessein commun en tant que forme de responsabilité au titre de coauteur est bien établie en droit international coutumier et qu'elle est de plus consacrée, implicitement il est vrai, dans le Statut du Tribunal international* » [193]. Dès lors d'une part, il s'agit encore d'une référence assez floue à la coutume. Mais d'autre part, affirmer que l'entreprise criminelle commune

---

[192] *Ibid.* §. 204.
[193] *Ibid* ; §. 220.

découle implicitement des termes de l'article 7 du Statut peut exprimer une interprétation subjective du Statut, ce qui renforce l'idée d'une instrumentalisation. Et tout cela semble permis par la gravité abstraite des crimes. La pratique de l'entreprise criminelle commune a subi de nombreuses critiques durant l'activité du Tribunal international pénal pour l'ex-Yougoslavie, et n'a donc pas perduré devant les juridictions pénales internationales qui ont suivi. Il reste que de telles pratiques, dérogeant au principe de responsabilité ou au principe de légalité, ont été renouvelées par la suite. C'est le cas de la coaction indirecte, une création jurisprudentielle[194] qui permet d'appréhender les situations dans lesquelles deux personnes vont convenir d'un plan commun, se diviser les tâches, puis confier l'exécution à une organisation agissant sous leur contrôle ; son origine jurisprudentielle semble porter atteinte au principe de légalité.

80. Il semble donc exister un paradoxe entre la volonté d'encadrer strictement la responsabilité pénale internationale du fait de la gravité afférente aux crimes internationaux, et la nécessité, du fait de la gravité abstraite de ces crimes, de lutter contre l'impunité en élaborant des outils permettant d'engager la responsabilité des individus. C'est ce qui donne lieu à toutes ces dérogations, puisqu'il apparaît que la gravité abstraite justifie également la neutralisation des obstacles à l'engagement de la responsabilité pénale internationale (B).

B. La neutralisation des obstacles à l'engagement de la responsabilité pénale internationale

[194] Pour plus de précisions au sujet de la construction de la notion de coaction indirecte, voir : BARDET Marie, *La notion d'infraction internationale par nature, Essai d'une analyse structurelle*, Bordeaux, 2020, *op.cit.*, p. 387, §. 602 et s.

81. Il apparaît également que la gravité abstraite des infractions internationales pénales justifie une dérogation aux fins de non-recevoir classiques. En effet, ces crimes seraient tellement graves qu'ils justifieraient une répression totale, soit, sans permettre le jeu des fins de non-recevoir classiques. Les fins de non-recevoir correspondent aux conditions de recevabilité de l'action publique. Il s'agit classiquement de la prescription, de l'amnistie[195] et des immunités juridictionnelles. Or, la gravité abstraite des crimes internationaux semble permettre une neutralisation de certaines de ces fins de non-recevoir classiques.

82. D'une part, là où le rôle de la gravité abstraite apparaît le plus important dans la dérogation aux fins de non-recevoir classiques, c'est en ce qui concerne la prescription. En effet, il est classiquement considéré que la prescription est dépendante de la gravité de l'infraction[196], et plus précisément, de la gravité abstraite de l'infraction puisqu'est prise en compte la valeur protégée de cette infraction. Ainsi, le caractère suprême de la gravité abstraite des infractions internationales par nature semble donc exiger une prescription de celles-ci extrêmement large. Or, en réalité, c'est bien plus que cela, puisque les infractions internationales sont dites imprescriptibles. Si l' imprescriptibilité des crimes de guerre et des crimes contre l'humanité a été reconnue par une convention de 1968[197], le Statut de Rome énonce de manière claire et inconditionnelle que « *les crimes relevant de la compétence de la Cour ne se*

---

[195] La question de l'amnistie ne sera pas développée ici.

[196] A ce sujet, voir : VERNY Edouard, « Gravité de l'infraction et prescription de l'action publique » , in ALIX Julie et DARSONVILLE Audrey, *Gravité et droit pénal*, Mare & Martin, 2021, *op. cit.*, p. 219 à 224.

[197] *Convention sur l'imprescriptibilité des crimes de guerre et des crimes contre l'humanité*, 26 novembre 1968, entré en vigueur 11 novembre 1970.

prescrivent pas » [198]. Ainsi, la gravité abstraite des infractions internationales par nature semble justifier leur imprescriptibilité, ce qui rend ainsi impossible d'échapper aux poursuites pour irrecevabilité du fait de la prescription.

83. D'autre part, c'est surtout la neutralisation des immunités de juridictions qui peut donner lieu à des discussions. En effet, l'immunité est une fin de non-recevoir liée à la qualité de l'auteur. L'immunité de juridiction est une prérogative accordée à certaines personnes du fait de leur qualité, en vertu de laquelle elles ne peuvent pas être déférées devant une juridiction. Il existe deux types d'immunités. La première est l'immunité fonctionnelle, qui couvre l'ensemble des actes accomplis par la personne dans le cadre de ses fonctions, et ce, aussi bien pendant l'exercice des fonctions, qu'après la cessation de ces fonctions. La seconde est l'immunité personnelle qui couvre l'ensemble des actes accomplis par la personne, qu'ils aient un lien ou non avec leurs fonctions, et ce, uniquement pendant l'exercice desdites fonctions. Ces immunités sont conférées par la coutume internationale, aux émanations de l'État, et notamment en ce qui concerne l'immunité personnelle, au chef d'État, au premier ministre et au ministre des Affaires étrangères[199]. Ainsi, au regard de ces définitions, il apparaît tout à fait logique que, s'il faut poursuivre les auteurs d'infractions internationales par nature les plus gravement responsables, l'immunité de juridiction constitue un obstacle important puisque le droit international pénal vise surtout à réprimer les hauts

---

[198] Art. 29 du Statut de Rome.

[199] Voir par exemple : Cour de Cassation, Chambre Criminelle, n°1414, 13 mars 2001, *Affaire Gaddafi* : « *attendu que la coutume internationale s'oppose à ce que les chefs d'Etat en exercice puissent, en l'absence de dispositions internationales contraires s'imposant aux parties concernées, faire l'objet de poursuites devant les juridictions pénales d'un Etat étranger* » .

dirigeants. C'est pourquoi il a été considéré très tôt que la qualité de l'auteur était indifférente[200], et cette affirmation s'est ensuite retrouvée dans les Statuts des plus récents Tribunaux pénaux internationaux[201] et de la Cour pénale internationale[202]. Ainsi, la gravité abstraite des infractions internationales par nature justifierait la neutralisation des immunités de juridiction.

84. Mais de ce constat naissent de nombreuses questions. En effet, d'une part, la reconnaissance d'une immunité des émanations de l'État par la coutume internationale vise notamment à préserver la souveraineté, et ainsi à empêcher les ingérences des juridictions d'autres États qui souhaiteraient juger des émanations d'un autre État[203]. Ainsi, la neutralisation de ces immunités constitue un risque important d'atteinte à la souveraineté des États, et ce risque serait donc justifié par la gravité abstraite des crimes internationaux. Pour autant, il est toujours possible d'y voir une forme d'instrumentalisation, puisque la communauté internationale, qui a la charge d'apprécier la gravité abstraite des infractions internationales, aurait ainsi délimité les infractions pour lesquelles il est possible de porter atteinte à la souveraineté des États. Mais il est possible d'aller encore plus loin. En effet, d'autre part, cette neutralisation des immunités est admise par les textes, mais qu'en est-il en pratique ? En réalité, cette neutralisation des immunités pose un problème d'incompatibilité entre la coutume internationale qui pose cette immunité de manière

---

[200] Art. 7 du Statut du Tribunal Militaire International de Nuremberg.

[201] Art. 6-2 du Statut du TPIR ; art. 7-2 du Statut du TPIY.

[202] Art. 27 du Statut de Rome.

[203] CIJ, n°8126-2, arrêt du 14 février 2002, *affaire relative au mandat d'arrêt du 11 avril 2000*, République démocratique du Congo c. Belgique, §.54 : « *Cette immunité et cette inviolabilité protègent l'intéressé contre tout acte d'autorité de la part d'un autre Etat qui ferait obstacle à l'exercice de ses fonctions.* »

contraignante en droit international public, et les Statuts des juridictions pénales internationales qui exigent une coopération des États pour la poursuite des auteurs des crimes internationaux. Le non-respect de cette coutume, comme cela a été dit, contrevient à une règle coutumière de droit international public, et les États sont assez réticents à coopérer en ce sens puisque cela met à mal les relations internationales, du fait de l'atteinte à la souveraineté que cela engendre. Pourtant, la Cour pénale internationale a considéré que c'est cette même coutume internationale qui admet la neutralisation des immunités en ce qui concerne les infractions internationales par nature[204]. A l'inverse, la Cour International de Justice « *n'est pas parvenue à déduire de cette pratique l'existence, en droit international coutumier, d'une exception quelconque à la règle consacrant l'immunité de juridiction pénale et l'inviolabilité des ministres des affaires étrangères en exercice, lorsqu'ils sont soupçonnés d'avoir commis des crimes de guerre ou des crimes contre l'humanité* »[205] Il est ainsi difficile de savoir quelle est véritablement la règle en ce qui concerne la neutralisation des immunités en droit international pénal. Mais cela risque également de faire émerger une discrimination entre les États ; ceux-ci craindront beaucoup plus de coopérer pour permettre la poursuite d'émanations d'un État puissant que pour des émanations d'un État moins puissant. Il pourrait donc être avancé que les États, et notamment les grandes puissances, se sont servi de la gravité abstraite pour permettre une

---

[204] CPI, Chambre d'appel, ICC-02/05-01/09 OA2, 6 mai 2019, *Judgement in the Jordan Referral re Al-Bashir Appeal,* Affaire Al-Bashir, voir §103 où la Cour affirme que le droit coutumier prévoit l'absence d'immunité des chefs d'Etat devant les juridictions internationales.

[205] CIJ, n°8126-2, arrêt du 14 février 2002, *affaire relative au mandat d'arrêt du 11 avril 2000*, République démocratique du Congo c. Belgique, *op. cit.*, §.58.

dérogation à une coutume, tout en sachant que leur puissance leur permettrait d'avoir le contrôle sur les dénonciations par d'autres États.

85. Finalement, il apparaît que la gravité suprême des infractions internationales implique une grande importance de la lutte contre l'impunité, et justifie ainsi des dérogations aux fins de non-recevoir classiques, malgré leur reconnaissance par une règle coutumière de droit international, et le fait qu'elles visent à protéger la souveraineté. La gravité abstraite joue un rôle important dans ces dérogations, qui peut également concerner les causes d'exonération de la responsabilité pénale. En effet, la gravité abstraite semble également justifier l'absence de certaines causes d'exonération de la responsabilité pénale, et notamment la cause d'exonération de la responsabilité pénale du fait du commandement légitime. Le Statut de Rome pose une dérogation simple et irrévocable à l'exonération de responsabilité pénale du fait de l'ordre du gouvernement ou du supérieur hiérarchique, uniquement en ce qui concerne le génocide et le crime contre l'humanité[206]. Pour ce qui est des autres infractions internationales par nature, soit, le crime de guerre et le crime d'agression, l'exception est possible à condition de remplir les trois exigences posées à l'article 33 du Statut de Rome. Tout cela témoigne encore du rôle de la gravité abstraite en droit international pénal, puisqu'il apparaît, comme cela a été dit précédemment[207], que les crimes internationaux soient hiérarchisés par la gravité abstraite. Le génocide et le crime contre l'humanité seraient plus graves et ainsi justifieraient cette absence pure et simple de possibilité de voir la responsabilité pénale exonérée du fait de l'ordre du gouvernement ou du supérieur hiérarchique. Or, cette

[206] Art. 33 du Statut de Rome.
[207] Voir. *Supra* sur la gravité concrète au sein des crimes internationaux.

différence entre les crimes n'existait pas dans les Statuts des juridictions internationales précédentes. Alors cette différence dans le Statut de Rome est-elle le résultat d'un compromis lors des négociations pour élaborer celui-ci ? Il est possible que cela soit le cas. En effet, le crime de guerre et le crime d'agression sont des infractions qui se rattachent bien plus souvent, voire systématiquement, à une action de l'État. Alors, il est possible que là encore, la gravité abstraite ait été instrumentalisée pour permettre aux individus agissant en conséquence d'un commandement du gouvernement, de voir leur responsabilité exonérée. Il reste que c'est bien la gravité abstraite qui justifie cette dérogation.

86. Ainsi, la gravité abstraite semble effectivement avoir pour fonction l'identification du droit international pénal. Cependant, un tel critère n'apparaît pas pertinent en ce que la gravité abstraite est difficile à saisir, puisqu'elle n'est jamais définie. Ce critère semble ainsi apporter de nombreuses confusions quant à l'appréhension du droit international pénal et de la catégorie des infractions internationales par nature. De plus, il semble favoriser une instrumentalisation de la matière dans l'objectif de servir des intérêts plutôt politiques. Il n'apparaît donc véritablement pas pertinent de fonder la définition et l'identification du droit international pénal sur le critère de la gravité abstraite, puisqu'il s'agit d'une notion insaisissable. Il reste que, si la gravité abstraite semble permettre de délimiter le domaine du droit international pénal, et ainsi, la compétence matérielle des juridictions pénales internationales, se pose également la question de la pratique du droit international pénal. Or, la gravité joue également un rôle important en pratique, puisque les juridictions pénales internationales ne doivent connaître que des crimes les plus graves. Cependant, il ne s'agit plus ici de la gravité dans son acception abstraite, puisque la pratique du droit international pénal semble être guidée par les conséquences de la commission concrète des crimes internationaux, autrement dit, par la gravité concrète. Mais cette gravité concrète, tout comme la gravité abstraite, demeure une notion insaisissable, subjective et variable, qui ne fait l'objet d'aucune définition. Or, malgré cela, il apparaît que celle-ci constitue un critère omniprésent dans la pratique du droit international pénal, et ce du fait de la fonction de répartition du contentieux de la gravité concrète (Chapitre II).

CHAPITRE II

LA FONCTION DE RÉPARTITION DU CONTENTIEUX DE LA GRAVITÉ CONCRÈTE

87. L'existence de la gravité concrète induit qu'un même crime peut être plus ou moins grave. En effet, d'après la doctrine, puisque le rôle de la gravité concrète est de délimiter la compétence juridictionnelle d'une juridiction pénale internationale, « *seuls ceux empreints d'une gravité concrète suffisante sont censés être portés à sa connaissance* » [208]. Or, ce critère de gravité concrète, qui vient s'ajouter à la gravité abstraite qui détermine la catégorie d'infractions internationales par nature, apporte de la confusion.

88. D'une part, il était déjà difficile de délimiter les contours de cette gravité abstraite au sein des crimes internationaux[209], et de comprendre ce qui faisait d'un crime, un des « *crimes les plus graves* » [210]. Mais il devient encore plus difficile de comprendre comment doit alors se mesurer la gravité concrète. Il semblerait que la gravité concrète se mesure au regard de l'ampleur des conséquences du crime. Certains indices sont donnés par les textes, mais il est difficile de savoir si ces indices se réfèrent à la gravité abstraite des crimes, qui permet de les ériger en

[208] BARDET Marie, *La notion d'infraction internationale par nature, Essai d'une analyse structurelle*, Bordeaux, 2020, *op.cit.*, p. 215, §. 307.
[209] Voir. *Supra* sur la gravité abstraite dans les crimes internationaux.
[210] Art. 5 du Statut de Rome, *op. cit.*

infractions internationales par nature, ou à l'appréciation de la gravité concrète des crimes. En effet, concernant le crime contre l'humanité, sa définition laissait penser que sa gravité concrète dépendait notamment de son contexte, soit, le fait que sa commission ait lieu dans le cadre « *d'une attaque systématique ou généralisée lancée contre une population civile* » [211]. Or, ce contexte permet également d'octroyer une gravité abstraite suffisante au crime contre l'humanité pour que celui-ci appartienne aux infractions internationales par nature. La confusion apparaît d'autant plus en ce qui concerne le génocide, en ce que son contexte correspond à « *l'intention de détruire, en tout ou partie, un groupe national, ethnique, racial, ou religieux comme tel* » [212]. En effet, si l'intention de détruire un groupe pris comme tel permet d'apprécier la gravité abstraite du crime, il semble également permettre d'en apprécier la gravité concrète. Quant au crime de guerre, le Statut de Rome donne la précision suivante : « *en particulier lorsque ces crimes s'inscrivent dans le cadre d'un plan ou d'une politique ou lorsqu'ils font partie d'une série de crimes analogues commis sur une grande échelle* » [213], précision qui semble renvoyer à l'appréciation de la gravité concrète. Enfin, pour le crime d'agression, celui-ci renvoie à la gravité et à l'ampleur[214], ce qui semble encore confondre les notions de gravité abstraite et de gravité concrète. Finalement, la frontière entre la gravité concrète et la gravité abstraite n'est pas immuable, ce qui rend la notion de gravité d'autant plus insaisissable.

89. Quoi qu'il en soit, la gravité concrète semble avoir pour fonction d'une part, de justifier la compétence des

[211] Art. 7 du Statut de Rome. *op. cit.*
[212] Article 6 du Statut de Rome
[213] Art. 8 du Statut de Rome, *op.cit.*
[214] Art. 8 bis du Statut de Rome, *op.cit.*

juridictions pénales internationales (Section 1), mais d'autre part, permet à ces dernières de sélectionner le contentieux qui sera porté devant elles (Section 2). Or, en l'absence de définition, la gravité peut ici être utilisée de manière différente, ce qui semble montrer une utilisation arbitraire de ce critère.

Section 1. La justification de la compétence des juridictions pénales internationales par la gravité concrète

90. C'est l'existence même des juridictions pénales internationales qui semble être justifiée par la gravité concrète. En effet, il apparaît que ce n'est pas l'existence des crimes internationaux, soit, la gravité abstraite, qui ait justifié la création de ces juridictions, mais bien les conséquences de la commission de ces crimes, et par conséquent, la gravité concrète. En effet, plusieurs juridictions *ad hoc* ont été créées à travers l'Histoire, pour répondre à l'ampleur des crimes commis dans une situation bien précise, comme par exemple, les exactions commises lors de la Seconde Guerre mondiale, ou encore les crimes commis lors du conflit en ex-Yougoslavie. Pour autant, se pose la question de la justification de la création de la Cour pénale internationale, puisque celle-ci n'a pas été créée pour connaître d'une situation précise, mais pour connaître l'ensemble des situations potentielles. Ainsi, il semble y avoir une inconstance de la justification de la création des juridictions pénales internationales par la gravité concrète (§1), ce qui rend le critère de la gravité concrète insatisfaisant.

91. Mais la gravité concrète n'intervient pas uniquement pour justifier la création des juridictions internationales pénales. En effet, puisque la gravité concrète implique qu'un crime international peut être plus ou moins grave, cela signifie que seuls les plus graves doivent être portés à la connaissance des juridictions pénales internationales. Dès lors, les crimes moins graves semblent être laissés à la compétence des juridictions nationales. Ainsi, cela implique de mettre en place des formes d'articulations de compétences. Or, la gravité concrète semble justifier des formes différentes d'articulations de compétences (§2), ce qui semble montrer la non pertinence d'un tel critère. En réalité, il apparaît que l'utilisation du critère de gravité concrète est véritablement opportuniste.

§1. L'inconstance de la justification de la création des juridictions pénales internationales par la gravité concrète

92. Alors qu'il semblait que seule l'apparition de situations qualifiées de graves pouvait justifier la création de Tribunaux internationaux, la Cour pénale internationale a finalement été créée, une Cour permanente, dont la création semble plutôt reposer sur la gravité abstraite. Ainsi, la justification de la création des juridictions *ad hoc* par la gravité concrète (A), semble perdre en légitimité au regard de l'absence du critère de la gravité concrète pour justifier la création de la Cour pénale internationale (B). En effet, l'inconstance de la justification de la création des juridictions pénales internationales par la gravité concrète peut témoigner de l'instrumentalisation de la notion de gravité en droit international pénal.

A. La justification de la création des juridictions *ad hoc* par la gravité concrète

93. Malgré la justification exprimée de la création des juridictions *ad hoc* par la gravité concrète (1), il semble se dégager une implicite instrumentalisation de ce critère pour permettre la création de ces juridictions (2).

1. La justification exprimée de la création des juridictions *ad hoc* par la gravité concrète

94. Il semblerait que la gravité concrète des crimes justifie la création d'une juridiction pénale internationale *ad hoc*, pour juger les auteurs desdits crimes. Cette idée se retrouve à la lecture des textes concernant ces Tribunaux. D'une part, en ce qui concerne le Tribunal militaire de Nuremberg, l'Accord de Londres[215], ainsi que le Statut du Tribunal[216], font référence aux « *grands criminels* » . Si la grandeur renvoie à l'importance, tout comme la gravité[217], cela semble indiquer que ces grands criminels de guerre ont commis des actes concrètement graves, ce qui semble justifier la création du Tribunal de Nuremberg. D'autre part, des références similaires, voire plus explicites, se retrouvent dans les textes concernant les Tribunaux pénaux internationaux pour l'ex-Yougoslavie et pour le Rwanda. En effet, chacun de leur Statut vise à réprimer « *les personnes présumées responsables de violation graves...* » [218], ce qui semble faire ici directement référence à la gravité concrète des actes commis, qui justifierait donc la création de ces Tribunaux.

95. Il apparaît qu'effectivement, la gravité concrète a servi en premier lieu à justifier la création des juridictions pénales internationales *ad hoc*. Reste donc à savoir comment mesurer cette gravité, et ainsi, quelles sont les hypothèses suffisamment graves pour permettre la création de ces juridictions. À priori, la réponse est donnée dans les accords et résolutions portant créations de celles-ci. La

---

[215] Art. 3 de l'Accord de Londres du 8 août 1945.

[216] Art. 6 Statut du Tribunal Militaire de Nuremberg.

[217] Dictionnaire en ligne du Centre national de ressources textuelles et lexicales ; définition de « *gravité* » , *op.cit.*

[218] Art. 1er du Statut du TPIY ; art. 1er du Statut du TPIR.

création des Tribunaux militaires internationaux, serait justifiée par la nécessité de juger des criminels dont la localisation géographique des crimes est inconnue[219], juger et punir de façon appropriée et sans délai[220], ce qui semble signifier que la gravité des actes commis implique que l'effectivité de la lutte contre l'impunité ne peut être atteinte que par la création d'une juridiction pénale internationale. En ce qui concerne les Tribunaux pénaux internationaux, des éléments quant à l'objectif de lutter plus efficacement contre l'impunité des auteurs de ces crimes sont également présents. En effet, les résolutions onusiennes[221] créant ces deux Tribunaux énoncent notamment la nécessité de « *mettre fin à de tels crimes et à prendre des mesures efficaces pour que les personnes qui en portent la responsabilité soient poursuivies en justice* » [222], et visent également l'incapacité des systèmes juridiques concernés à remplir leur rôle[223]. Cependant, ce ne sont pas les seuls éléments énoncés pour expliquer le choix de créer ces Tribunaux *ad hoc*. En effet, dans ces mêmes résolutions

[219] Art. 1er de l'Accord de Londres.

[220] Art. 1 du Statut du Tribunal Militaire International de Nuremberg.

[221] Résolution 808 adoptée par le Conseil de sécurité de l'ONU à sa 3175e séance, le 22 février 1993 pour le TPIY ; Résolution 955 adoptée par le Conseil de sécurité de l'ONU à sa 3454e séance, le 8 novembre 1994 pour le TPIR.

[222] *Ibid.*

[223] Résolution 808 du 22 février 1993 pour le TPIY, *op. cit.* : « *dans les circonstances particulières qui prévalent dans l'ex-Yougoslavie, la création d'un tribunal international permettrait d'atteindre cet objectif et contribuerait à la restauration et au maintien de la paix* » ; Résolution 955 du 8 novembre 1994 pour le TPIR : « C*onvaincu que, dans les circonstances particulières qui règnent au Rwanda, des poursuites contre les personnes présumées responsables d'actes de génocide ou d'autres violations graves du droit international humanitaire permettraient d'atteindre cet objectif et contribueraient au processus de réconciliation nationale ainsi qu'au rétablissement et au maintien de la paix* ».

onusiennes est énoncé que la situation visée « *fait peser une menace sur la paix et la sécurité internationale* » [224]. Ceci semble donc induire que la gravité concrète, permettant de justifier la création d'une juridiction pénale internationale, se mesure non seulement quant au risque d'impunité, mais également quant à la question de savoir si cette situation menace la paix et la sécurité internationale. Plus précisément, ce serait parce que les situations au Rwanda et en ex-Yougoslavie menaçaient la paix et la sécurité internationale, qu'elles ont été considérées suffisamment graves pour permettre la création de juridictions pénales internationales *ad hoc*. Apparaît donc la même problématique qu'en matière de gravité abstraite, c'est-à-dire, la question de savoir quels actes menacent la paix et la sécurité internationale. Cela montre également à quel point la frontière entre la gravité abstraite et la gravité concrète est difficile à saisir. En effet, s'il est considéré que la gravité abstraite des crimes est une gravité suprême du fait qu'elle porte atteinte à la paix et la sécurité de l'humanité, mesurer la gravité concrète de la sorte revient seulement à une simple application pratique de cette appréciation. Dès lors, la gravité concrète apparaît tout aussi insaisissable que la gravité abstraite.

96. Cependant, le risque d'une instrumentalisation de la gravité concrète apparait plus clairement encore en ce que, si la détermination des infractions internationales par nature pouvait émaner d'un « *droit naturel* » , justifier la création des juridictions pénales internationales par la gravité concrète semble véritablement résulter de la volonté de la communauté internationale. Ainsi, apparaît une implicite

[224] Résolution 808 adoptée par le Conseil de sécurité de l'ONU à sa 3175e séance, le 22 février 1993 pour le TPIY ; Résolution 955 adoptée par le Conseil de sécurité de l'ONU à 3454, le 8 novembre 1994 pour le TPIR, *op. cit.*

instrumentalisation de la gravité concrète pour créer des juridictions *ad hoc* (2).

2. L'implicite instrumentalisation de la gravité concrète pour la création des juridictions *ad hoc*

97. D'après certains auteurs, « *la « pratique » de la justice pénale internationale est liée aux choix politiques de grandes puissances et tend à ternir l'image de cette justice* » [225]. En effet, l'instrumentalisation de la gravité concrète pour justifier la création des juridictions pénales internationales semble pouvoir se dégager. En observant la manière dont ces juridictions ont été créées, il ressort que c'est bien la communauté internationale qui a décidé de la création de ces juridictions. Cela signifie donc que c'est bien la communauté internationale qui, à nouveau, est chargée d'apprécier la gravité concrète d'une situation pour décider si la création d'une juridiction pénale internationale *ad hoc* est nécessaire.

98. Plus précisément, en ce qui concerne les Tribunaux militaires internationaux, le Statut du Tribunal de Nuremberg indique que le Tribunal est créé « *en exécution de l'Accord signé le 8 août 1945 par le Gouvernement Provisoire de la République Française et les gouvernements des Etats-Unis d'Amérique, du Royaume-Uni de Grande-Bretagne et de l'Irlande du Nord, et de l'Union des Républiques Socialistes Soviétique* » [226], soit, les forces Alliées, l'objectif étant de « *juger et punir de façon appropriée et sans délai les grands criminels de*

---

[225] AYAT, M. (2007). « Justice pénale internationale pour la paix et la réconciliation » , in *International Criminal Law Review*, 7(2-3), 391-424 ; p. 424.

[226] Art. 1er du Statut du Tribunal Militaire International de Nuremberg, *op. cit.*

guerre des pays européens de l'Axe »[227]. Ce sont donc les puissances victorieuses de la Seconde Guerre mondiale qui ont décidé de la création de ce Tribunal, ainsi imposé aux États de l'Axe, soit, les États vaincus. Ainsi, il est difficile de ne pas y voir une utilisation de la gravité concrète au service de la vengeance. Mais cela fait également émerger un rapport de force entre les puissances ayant le pouvoir de décider que la gravité concrète justifie la création d'une juridiction pénale internationale, et les États auxquels cette justice est imposée. En effet, le Statut utilise par ailleurs le terme de « *Puissances* »[228]. Pour autant, ces puissances indiquent agir « *dans l'intérêt de toutes les Nations Unies* »[229], ce qui semble moins renvoyer à l'Organisation des Nations Unies, à l'époque en construction[230], qu'à l'ensemble de la communauté internationale. Cela semble donc signifier que, non seulement il revient à la communauté internationale d'apprécier la gravité concrète et ainsi, la nécessité ou non de créer une juridiction pénale internationale, mais surtout, certains États, du fait de leur puissance, sont plus à même de prendre une telle décision au nom de la communauté internationale. Dès lors, le risque d'une instrumentalisation de la gravité concrète pour servir des intérêts politiques se fait plus grand.

99. Des reproches similaires peuvent être faits à la création des Tribunaux pénaux internationaux. D'une part, les deux Tribunaux ont été créés par des résolutions onusiennes, soit, des décisions prises par le Conseil de Sécurité de l'ONU. Or, le Conseil de Sécurité de l'ONU est

[227] *Ibid.*
[228] Articles 2, 3 Statut du Tribunal Militaire International de Nuremberg.
[229] Accord de Londres.
[230] L'ONU est officiellement créée le 24 octobre 1945. L'Accord de Londres date du 8 août 1945.

l'organe exécutif de l'ONU, et est composé de dix États membres non permanents, et de cinq États membres permanents. Ainsi d'une part, ce n'est pas l'ensemble de la communauté internationale qui est impliquée, mais d'autre part, les membres permanents que sont la France, la Chine, le Royaume-Uni, les Etats-Unis et la Russie soulèvent de nombreuses difficultés. En effet, ces derniers peuvent utiliser leur droit de véto, et ainsi bloquer le processus de prise de décision. Il est donc possible de considérer que la décision de créer une juridiction pénale internationale *ad hoc* revient en réalité aux membres permanents du Conseil de sécurité. Et le fait que cette décision se fonde sur l'appréciation de la gravité concrète d'une situation, une notion aussi fluctuante et imprécise, favorise l'instrumentalisation de ce critère.

100. Par ailleurs, ce serait l'indignation de la communauté internationale[231] qui aurait poussé celle-ci à agir. Mais en réalité, n'est-ce pas là l'expression de la volonté d'intervenir sans pour autant s'engager militairement ? Des auteurs vont en ce sens et considèrent que « *le Tribunal apparaît essentiellement comme un alibi pour les puissances occidentales et en particulier pour les Européens divisés sur la question, qui ne souhaitaient pas intervenir militairement en ex-Yougoslavie* » [232]. L'appréciation de la gravité concrète étant laissée à la

[231] Dans la Résolution 808 du 22 février 1993 portant création du TPIY, tout comme dans la Résolution 955 du 8 novembre 1994, est indiqué « *se déclarant gravement alarmé* » par les situations.

[232] DE FROUVILLE Olivier, *Droit international pénal, Sources, Incrimination, Responsabilité*, A. Pedone, 2012, *op. cit.*, p. 18. Est par la suite précisé que « *Les deux tribunaux ad hoc (ou spéciaux), semblent donc marqués par une sorte de péché originel : ils sont nés, comme faute de mieux, pour tenter de masquer quelque peu les défaillances d'une communauté internationale encore balbutiante, encore trop marqué par l'égoïsme des États* » .

communauté internationale, il est aisé de penser cela. Mais en réalité, si les États veulent éviter de s'engager militairement pour ne pas porter atteinte à la souveraineté, imposer une justice pénale internationale semble également constituer une atteinte à la souveraineté. Cela s'apparente toujours à une ingérence quand bien même elle serait nécessaire à la lutte contre l'impunité.

101. Ainsi, la gravité semble moins servir le droit international pénal, que des décisions politiques prises dans un contexte de relations internationales, ce qui montre la non pertinence de ce critère, pourtant omniprésent dans cette matière. En effet, la notion de gravité semble être utilisée dans l'une ou l'autre de ses acceptions, de manière opportuniste, puisque si la gravité concrète a été utilisée pour justifier la création des juridictions *ad ho*c, la création de la Cour pénale internationale ne semble cependant pas reposer sur un tel fondement (B).

B. L'absence du critère de la gravité concrète pour justifier la création de la Cour pénale internationale

102. L'utilisation opportuniste de la gravité apparaît très clairement en ce que ce sont les différentes acceptions de la gravité qui ont été utilisées pour justifier la création des juridictions pénales internationales. En effet, si la gravité concrète a servi de justification pour la création des Tribunaux *ad hoc*, cela n'a pas été le cas de la création de la Cour pénale internationale.

103. D'après le Statut de Rome, « *il est créé une Cour pénale internationale (« la Cour «), en tant qu'institution permanente, qui peut exercer sa compétence à l'égard des personnes pour les crimes les plus graves ayant une portée* *internationale, au sens du présent Statut* »[233]. Ce n'est donc pas ici la gravité concrète qui vient justifier la création de la Cour, puisque celle-ci n'est pas créée pour connaître d'une situation précise, pour laquelle la gravité concrète pourrait se mesurer. C'est sur le fondement de la gravité abstraite que la Cour est créée, puisque sa compétence s'étend à l'ensemble des crimes les plus graves, soit, abstraitement, c'est-à-dire, les infractions internationales par nature qui portent atteinte à la paix et à la sécurité de l'humanité. Dès lors, deux constats peuvent être faits. D'une part, la création d'une juridiction pénale internationale ne repose pas uniquement sur l'existence d'une gravité concrète suffisante pour justifier sa création. Or, c'est ce que les expériences précédentes ont laissé penser. Le fait de conditionner la création d'une juridiction pénale internationale à la gravité concrète d'une situation témoignait du caractère exceptionnel de l'intervention de cette justice pénale internationale, ce qui ne semble plus être le cas avec la création d'une Cour permanente, compétente pour l'ensemble des situations. De plus, reconnaître que la gravité concrète n'est pas indispensable pour créer une juridiction pénale internationale peut également être l'expression d'une prise de conscience quant à la non pertinence de ce critère, ainsi qu'à ses risques d'instrumentalisation. Quoi qu'il en soit, cela ne fait que remettre en cause une nouvelle fois la justification utilisée pour la création des Tribunaux militaires internationaux et des Tribunaux pénaux internationaux.

104. D'autre part, le second constat est le suivant : la gravité abstraite afférente aux infractions internationales par nature peut justifier la création d'une Cour pénale internationale permanente. Or, la gravité, y compris dans son acception abstraite, demeure un critère très

[233] Art. 1er du Statut de Rome.

controversé[234]. Pourtant, le fait que ce critère apparaît ainsi comme le fondement de l'existence de cette Cour permanente, semble exprimer une certaine consolidation du critère. Sans doute la gravité abstraite a été considérée comme acquise du fait des expériences précédentes et surtout, de l'évolution de la construction du droit international pénal de 1945 à 2002[235]. Il reste que si la gravité abstraite afférente aux infractions internationales par nature justifie la création d'une Cour compétente pour en connaître, la gravité abstraite demeure un critère non pertinent de délimitation du droit international pénal. Dès lors, utiliser ce critère pour justifier la création d'une Cour permanente n'apparaît pas pertinent. Quoi qu'il en soit, cela montre encore une fois les heurts qu'il peut exister entre la gravité abstraite et la gravité concrète. De plus, se fonder sur la gravité abstraite des infractions internationales, gravité appréciée il y a longtemps, peut apparaître préférable en ce sens que cela semble écarter les risques d'instrumentalisation posés par la gravité concrète. Mais qu'en-est-il en réalité ?

105. La Cour pénale internationale, contrairement aux juridictions pénales internationales précédentes, n'a pas été imposée aux États. Elle est le résultat d'un processus de négociation classique des États, d'un mécanisme conventionnel. Si cela apparaît être une progression par rapport aux expériences passées, le contrôle des grandes puissances sur la création de cette juridiction semble pourtant demeurer. En effet d'une part, c'est bien la communauté internationale, qui a la charge d'apprécier la gravité, qui a considéré qu'il était possible de créer une juridiction pénale internationale du seul fait de la gravité

---

[234] Voir. *Supra*, Chapitre I.

[235] Du Tribunal Militaire de Nuremberg jusqu'à la création de la Cour Pénale Internationale.

abstraite des infractions internationales par nature. Et avec l'idée même de créer une Cour permanente, la communauté internationale semblait ainsi renoncer aux résolutions onusiennes, soit, au principe de l'instauration unilatérale de la justice pénale internationale. Cela est tout de même à nuancer puisque l'idée première était de faire de la Cour un septième organe principal de l'ONU par un amendement de la Charte des Nations Unies[236]. Cela aurait imposé la Cour à l'ensemble des membres de l'ONU, et aurait sans doute fait resurgir des critiques similaires à celles connues par les Tribunaux *ad hoc*, d'autant plus que cette fois, la Cour n'est pas créée pour une situation précise mais pour l'ensemble des situations potentielles. De plus, d'après Henri Donnedieu de Vabres, « *la création d'une juridiction suprême, indépendante des États, chargée de résoudre les litiges de nature criminelle qui renferment un élément international, telle serait l'expression la plus sensible et la plus populaire d'une justice pénale internationale* » [237]. Or, quand bien même la Cour n'est pas rattachée à l'ONU, son instauration conventionnelle ne la rend-elle pas pour autant dépendante des États ? En effet, en réalité, si la gravité abstraite a là encore été utilisée par les États pour créer cette juridiction pénale internationale, cela signifie également que ce sont ces États qui ont décidé d'instaurer une Cour permanente à la compétence non rétroactive, et soumise à autorisation.

106. Finalement, tout ceci montre bien que la gravité est utilisée dans l'une ou l'autre de ses acceptions, selon les

---

[236] DAVID Éric, « La Cour pénale internationale (Volume 313) » , in: *Collected Courses of the Hague Academy of International Law.*; p. 337.
[237] DONNEDIEU DE VABRES, H., « Le procès de Nuremberg devant les principes modernes du droit pénal international (Volume 70) » , in: *Collected Courses of the Hague Academy of International Law*, *op. cit.*, p.403

besoins. La gravité peut donc véritablement être instrumentalisée. Quoi qu'il en soit, la gravité concrète implique qu'un crime peut être plus ou moins grave. Or, si les juridictions pénales internationales ne peuvent s'emparer que des crimes les plus graves, cela signifie que les crimes moins graves sont laissés aux juridictions de droit commun, et plus précisément, aux juridictions pénales nationales. Ainsi, il semble nécessaire de prévoir des formes d'articulation des compétences entre les juridictions nationales et les juridictions internationales. Or, il apparaît que la gravité constitue le fondement de différentes formes d'articulation des compétences (§.2).

§2. La gravité concrète comme fondement de différentes formes d'articulation des compétences

107. Si la gravité concrète a pu justifier la création de Tribunaux *ad hoc*, ainsi que la mise en place d'une justice imposée, la Cour pénale internationale a pourtant été créée de manière conventionnelle. De la même manière, la gravité concrète constitue le fondement de différentes formes d'articulation des compétences. En effet, la gravité concrète a permis de justifier la primauté des Tribunaux *ad hoc* (A), tandis que le même critère est utilisé devant la Cour pénale internationale pour la mise en œuvre du principe de complémentarité (B), afin de donner, cette fois, la priorité aux juridictions nationales. Ainsi, la gravité est de nouveau utilisée à des fins différentes.

A. La primauté des Tribunaux *ad hoc*

108. La forme d'articulation des compétences qui a été choisie en ce qui concerne les Tribunaux *ad hoc* est celle reposant sur le principe de la primauté. Cependant, l'hypothèse des Tribunaux militaires internationaux est un peu plus spécifique. En effet, à la lecture du Statut du Tribunal de Nuremberg et de l'Accord de Londres, se déduit en réalité une exclusivité de compétence du Tribunal pour juger les « *grands criminels de guerre* » [238], notamment au travers de l'article 6 de l'Accord de Londres qui indique « *qu'aucune disposition du présent Accord ne porte atteinte à la juridiction ou à la compétence des tribunaux nationaux ou des tribunaux d'occupation déjà établis, ou qui seront créés, dans les territoires alliées ou en Allemagne pour juger les criminels de guerre* » [239]. Cette disposition laisse ainsi penser que les grands criminels relèvent de la compétence exclusive du Tribunal, tandis qu'est reconnue la compétence des juridictions nationales en ce qui concerne les autres criminels de guerre. Ainsi, a priori, cette articulation des compétences reposerait sur la gravité concrète, la grandeur rattachée aux « *grands criminels de guerre* » pour lesquels le Tribunal a l'exclusive compétence, renvoyant à ce qui a de l'importance[240], tout comme la gravité. Or, l'article premier de l'Accord de Londres donne une autre précision et indique que ce Tribunal a vocation à « *juger les criminels de guerre dont les crimes sont sans localisation géographique précise* » [241]. Dès lors, et comme la doctrine a pu l'affirmer, « *la compétence du TMI de Nuremberg était ainsi limitée au jugement d'un certain type de crimes, non pas explicitement en raison de leur « gravité » comme c'est le cas désormais pour les TPI et la CPI, mais parce que, sans localisation géographique précise, ils échappaient à*

---

[238] Art. 3 de l'Accord de Londres.
[239] Art. 6 de l'Accord de Londres.
[240] Dictionnaire en ligne du Centre national de ressources textuelles et lexicales ; définition de « *grandeur* » , *op. cit.*
[241] Art. 1er de l'Accord de Londres.

tout rattachement territorial à un État » [242]. Dès lors, cela semble signifier que les criminels dont les crimes sont sans localisation précise font partie de la catégorie des « *grands criminels de guerre* » . Cela signifie-t-il que la gravité concrète s'apprécie également en fonction d'un critère géographique ? Il ne semble pas que cela soit le cas. En réalité, cette impossibilité de localiser le crime est une conséquence de la gravité concrète des crimes, puisque, comme la doctrine l'a également précisé, « *la différence ne doit cependant pas occulter le fait que si ces crimes se révélaient sans rattachement territorial clair, c'est justement parce qu'ils présentaient un caractère massif ou systémique et étaient le fait, non des soldats ou exécutants, mais des décideurs et ordonnateurs de ces crimes* » [243]. Ainsi, le choix de cette articulation des compétences entre les juridictions nationales et les Tribunaux militaires internationaux se fonde de manière implicite sur la gravité concrète des crimes. Reste à connaître la raison de ce choix. Or, comme cela est précisé à l'article 1er de l'Accord de Londres, il s'agissait de permettre le jugement des criminels de guerres dont les crimes ne peuvent être localisés géographiquement. Ainsi, cette articulation des compétences a été choisie dans l'objectif de lutter efficacement contre l'impunité, et ainsi surmonter les risques d'impunité liées à la souveraineté du droit de punir qui impose, et cela était d'autant plus le cas à l'époque, la territorialité du droit pénal[244]. Pourtant, c'est bien une atteinte à la souveraineté qui est commise par le Tribunal en

---

[242] BELLIVIER Florence, EUDES Marina, FOUCHARD Isabelle, *Droit des crimes internationaux*, PUF - Thémis droit, 1er édition, 2018, p. 464

[243] *Ibid.*

[244] CIJ, affaire du Lotus, 1927, 7 septembre, Série A, Rec., p.18 : « *la limitation primordiale qu'impose le droit international à l'État est celle d'exclure - sauf l'existence d'une règle permissive contraire - tout exercice de sa puissance sur le territoire d'un autre État* » , *op. cit.*

s'octroyant la compétence pour juger des crimes ayant eu lieu sur le territoire d'un État souverain. La gravité concrète a donc ici servi à justifier la primauté, l'exclusivité du Tribunal pour juger les grands criminels de guerre, et ainsi imposer à des États une justice, et ce dans le but de lutter contre l'impunité. Ici, « *la gravité permet de contourner la souveraineté du droit de punir* » [245].

109. Il semble être possible de parvenir à la même conclusion en ce qui concerne les Tribunaux pénaux internationaux. En effet, c'est également la primauté qui a été choisie en ce qui concerne l'articulation des compétences entre les juridictions nationales et les Tribunaux pénaux internationaux. Cependant, ici, il n'existe plus de compétence exclusive des Tribunaux pénaux internationaux, mais bien une compétence concurrente. En ce sens, les Statuts respectifs de ces deux Tribunaux précisent que « *le Tribunal international et les juridictions nationales sont concurremment compétents* » [246] et ajoutent que « *le Tribunal international a la primauté sur les juridictions nationales* » [247]. Ainsi, « *l'intention du Conseil de Sécurité n'était pas d'exclure ou d'empêcher l'exercice de leur compétence par les tribunaux nationaux à l'égard de tels actes* » [248]. Cela signifie qu'en cas de conflit de compétence entre les juridictions nationales et le Tribunal, c'est le Tribunal qui l'emporte. Mais en réalité, de manière plus précise encore, ce principe de primauté ne

---

[245] ALIX Julie et DARSONVILLE Audrey, *Gravité et droit pénal,* Mare & Martin, 2021, p.19, *op. cit.*

[246] Art. 9 §1 du Statut du TPIY ; Art. 8 §1 du Statut du TPIR.

[247] Article 9§2 Statut TPIY ; Article 8§2 Statut du TPIY

[248] *Rapport du Secrétaire Général établi conformément au §2 de la Rès. 808 (1993) du Conseil de Sécurité*, 3 mai 1993, S/25704, paragraphe 64, cité dans BELLIVIER Florence, EUDES Marina, FOUCHARD Isabelle, *Droit des crimes internationaux*, PUF - Thémis droit, 1er édition, octobre 2018, *op. cit.*, p. 463.

donne pas automatiquement une compétence privilégiée, mais désigne seulement la juridiction qui prendra la décision en dernier ressort, en cas de conflit de compétence[249]. Ainsi, dans ce cas, le Tribunal pourra demander à la juridiction nationale de se dessaisir en sa faveur. Mais le Tribunal peut également choisir d'abandonner les poursuites au profit de la procédure nationale. Le choix revient au Tribunal et là encore, la gravité concrète semble jouer un rôle. En effet, puisque c'est la gravité concrète qui justifie la création du Tribunal, et qui par ailleurs, constitue une condition du déclenchement de la compétence juridictionnelle, il apparaît tout à fait cohérent que ce soit le Tribunal qui juge les affaires les plus graves, qui ne pourraient être réprimées efficacement par les juridictions nationales. Et cette idée se retrouve implicitement dans le Règlement de preuve et procédure des Tribunaux pénaux internationaux[250] qui indique les hypothèses dans lesquelles le dessaisissement peut avoir lieu. Ces hypothèses correspondent à la situation où la juridiction nationale ne serait pas en mesure d'engager la responsabilité de l'auteur d'une infraction, ou de reconnaître sa responsabilité pour une infraction internationale. Or, ce qui rend cette hypothèse possible c'est notamment la gravité concrète des crimes, leur ampleur et le fait qu'ils résultent d'entreprises d'ensemble, qui rendent la répression au seul niveau national complexe. Ainsi ici encore, l'idée est de considérer qu'une juridiction pénale internationale bénéficiera de la coopération, mais aussi d'imposer une justice à des juridictions nationales qui seraient incapables, ou involontaires. C'est là encore une

---

[249] BELLIVIER Florence, EUDES Marina, FOUCHARD Isabelle, *Droit des crimes internationaux*, PUF - Thémis droit, 1er édition, octobre 2018, p. 464, *op. cit*.

[250] Art. 9 du Règlement de preuve et procédure des Tribunaux Pénaux Internationaux.

manière de lutter plus efficacement contre l'impunité, tout en contournant la souveraineté du droit de punir.

110. Il apparaît donc que la gravité concrète ait justifié le choix du principe de primauté des juridictions pénales *ad hoc* pour l'articulation des compétences avec les juridictions pénales nationales. Cependant, ce choix semble résulter du caractère imposé de la justice pénale internationale concernant les Tribunaux *ad hoc*, une justice imposée également justifiée par la gravité concrète. Le principe de la primauté apparaît ainsi renforcer l'aspect imposé de cette justice. Or, ce choix semble véritablement témoigner d'une instrumentalisation, d'autant que ce n'est pas le même schéma qui a été choisi en ce qui concerne la Cour pénale internationale, puisque la forme d'articulation des compétences qui a été retenue devant la Cour repose sur le principe de complémentarité (B).

B. Le principe de complémentarité de la Cour pénale internationale

111. C'est un tout autre schéma qui a été choisi en ce qui concerne la Cour pénale internationale, et cela s'explique par son caractère permanent, mais également par son origine conventionnelle. En effet, la Cour pénale internationale est complémentaire, au sens de subsidiaire, à la compétence des juridictions nationales. Cela est affirmé de nombreuses fois dans le préambule du Statut[251], ainsi

[251] Préambule du Statut de Rome (extraits) : « *Affirmant que les crimes les plus graves qui touchent l'ensemble de la communauté internationale ne sauraient rester impunis et que leur répression doit être effectivement assurée par des mesures prises dans le cadre national* ». ; « *Rappelant qu'il est du devoir de chaque Etat de soumettre à sa juridiction criminelle les responsables de crimes internationaux* » ; ici, est posée l'obligation des Etats de traduire en justice les auteurs d'infractions internationales, et donc que cela relève du cadre national.

qu'à l'article premier du même Statut[252], et cette complémentarité est définie explicitement à l'article 17 du Statut de Rome, en ce qui concerne les conditions de recevabilité d'une affaire devant la Cour.

112. En effet, en ce qui concerne la Cour pénale internationale, la primauté est en réalité donnée aux juridictions nationales, et la Cour n'intervient que de manière subsidiaire, si certaines conditions ne sont pas remplies. Ces conditions sont les suivantes ; elle peut intervenir si aucune juridiction nationale n'a réagi bien sûr, mais dans le cas contraire, elle peut déclencher sa compétence si l'action des juridictions nationales démontre un manque de volonté ou une incapacité à traduire l'individu en justice[253]. Ainsi, la Cour ne peut intervenir que dans l'hypothèse où la seule action des juridictions nationales ne permettrait pas une lutte effective contre l'impunité, soit, dans le cas où l'affaire serait trop grave pour que la répression soit laissée aux seules juridictions nationales. La gravité semble en effet jouer un rôle dans ce modèle d'articulation des compétence puisque l'article 17 y fait une référence implicite en visant l'article 1er du Statut, qui énonce que la Cour est compétente « *à l'égard des personnes pour les crimes les plus graves ayant une portée internationale* » [254], ce qui laisse penser que la Cour ne doit connaître que des affaires les plus graves, soit, celles pour lesquelles les États seraient dans l'incapacité ou

---

; « *Soulignant que la CPI est complémentaire des juridictions pénales nationales* ».

[252] Art. 1er du Statut de Rome : « *Il est créé une Cour pénale internationale (« la Cour ») en tant qu'institution permanente, qui peut exercer sa compétence à l'égard des personnes pour les crimes les plus graves ayant une portée internationale, au sens du présent Statut. Elle est complémentaire des juridictions pénales nationales. (...)* » .

[253] Art. 17 du Statut de Rome.

[254] *Ibid.*

manqueraient de volonté pour mener une action au niveau judiciaire. Or, ce modèle impliquerait donc que la gravité concrète se mesure également au travers de la capacité ou de la volonté à réprimer ces actes au niveau national. Cette hypothèse apparaît intéressante en ce qui concerne l'incapacité des juridictions nationales à réprimer les crimes internationaux puisque cela peut effectivement exprimer l'ampleur du crime, et ainsi, son importante gravité concrète. Mais cela n'est pas tout à fait le cas en ce qui concerne le manque de volonté qui peut se manifester pour des actes graves comme pour des actes moins graves. Ainsi, fonder la complémentarité sur la gravité concrète pour considérer que la Cour ne doit connaître que des affaires les plus graves, et ainsi permettre une lutte effective contre l'impunité, n'apparaît pas pertinent.

113. En réalité, ce schéma d'articulation des compétences résulte du caractère conventionnel de cette justice pénale internationale. L'idée qui en résulte était de n'imposer cette justice pénale internationale qu'en dernier recours, que de manière exceptionnelle, et ainsi, de préserver la souveraineté des États. Cette fois, il ne s'agit pas de porter atteinte au principe de souveraineté pour lutter le plus efficacement possible contre l'impunité, tout en justifiant cela par la gravité concrète des crimes, comme ce fut le cas des Tribunaux *ad hoc*. Concernant la Cour pénale internationale, les États semblent avoir choisi de faire primer la souveraineté et de permettre la compétence de cette Cour uniquement pour les crimes les plus graves, ceux qui empêchent les juridictions nationales de mener à bien leur action judiciaire. Ainsi, la gravité concrète est utilisée pour justifier un autre modèle d'articulation des compétences, une autre priorité. Si elle a pu justifier la priorité de la lutte contre l'impunité pour les Tribunaux *ad* *hoc*, elle justifie ici la priorité de la souveraineté pour la Cour pénale internationale.

114. Cette volonté apparaît d'autant plus en ce que la complémentarité, prévue à l'article 17, constitue une condition de recevabilité d'une affaire devant la Cour. Cela signifie que l'affaire est irrecevable si les juridictions nationales agissent, et sont en capacité, ou ont la volonté d'agir. Or, le principe de complémentarité semble pouvoir être facilement instrumentalisé pour sélectionner les affaires qui seront portées devant la Cour, et cela pourrait également expliquer le choix d'une telle forme d'articulation des compétences. En effet par exemple, dans le cadre de la situation Irakienne[255], pour laquelle risquaient d'être impliqués des soldats britanniques, il a été décidé de ne pas ouvrir d'enquête car le Bureau du Procureur « *n'a pas été en mesure de conclure que les autorités britanniques n'avaient pas la volonté de mener véritablement à bien des enquêtes et/ou des poursuites (article 17-1-a) ou que les décisions de ne pas engager de poursuites dans telle ou telle affaire résultaient du manque de volonté de mener véritablement à bien des poursuites (article 17-1-b)* » . Pourtant, dans le même temps, le Bureau du Procureur se disait inquiet « *des conséquences de l'inaptitude initiale des autorités britanniques à conduire des enquêtes indépendantes et impartiales pendant et immédiatement après le conflit en Iraq, ainsi que de la lenteur à lancer des enquêtes pertinentes résultant de cette inaptitude* » [256]. Or, au regard de la localisation géographique des affaires traitées par la Cour, qui concernent essentiellement des individus africains, ainsi que de la puissance de l'État du Royaume-Uni, il est

[255] CPI, Bureau du Procureur, *Situation en Iraq/Royaume-Uni*, Rapport final (Extrait), Résumé analytique et conclusion, 9 décembre 2020, §.35
[256] *Ibid.*, §. 33.

difficile de ne pas y voir une instrumentalisation, afin de ne pas avoir à s'en prendre à ce même État.

115. De plus, si le principe de complémentarité semble implicitement dépendre de la gravité concrète du crime, il convient de préciser que la gravité est ensuite expressément prévue à l'article 17 du Statut de Rome en tant que condition de recevabilité[257]. Cela signifie donc qu'une affaire sera recevable devant la Cour uniquement si elle est suffisamment grave, ce qui revient à la fonction de détermination de la compétence juridictionnelle de la gravité concrète. Or, en suivant le raisonnement développé ci-dessus, si la Cour peut intervenir au regard du principe de complémentarité, cela semble signifier que l'affaire est suffisamment grave pour que la compétence juridictionnelle soit déclenchée. Tout cela apporte de la confusion.

116. Il reste qu'il ressort de l'ensemble de cette analyse que la gravité concrète semble servir de mesure de l'équilibre entre la nécessité de lutter contre l'impunité et la préservation de la souveraineté. Or, la notion de gravité étant subjective et variable, il n'apparaît pas pertinent de l'utiliser comme justification de la compétence des juridictions pénales internationales. Le critère de la gravité concrète apparaît ainsi problématique, notamment en ce qu'il est abondamment utilisé dans la sélection du contentieux par le Procureur de la Cour pénale internationale (Section 2), qui, en tant que Cour permanente, ne peut connaître de toutes les situations et affaires.

---

[257] Art. 17-1 alinéa d) du Statut de Rome.

Section 2. L'utilisation de la gravité concrète dans la sélection des contentieux

117. La Cour pénale internationale est une institution permanente, et a donc vocation à connaître de l'ensemble des contentieux pour lesquels elle peut être compétente. Cependant, la Cour ne pouvant pas se saisir de la totalité de ces contentieux, il lui faut alors procéder à une sélection. Cette sélection a lieu à différents stades de la procédure. En effet, la spécificité de la Cour pénale internationale, et notamment son caractère permanent, implique que celle-ci est d'abord saisie d'une situation globale, au sein de laquelle elle pourra par la suite juger des affaires plus spécifiques. Ainsi, la Cour doit non seulement sélectionner les situations pour lesquelles elle sera compétente, mais également ensuite, les affaires qu'elle pourra juger. Or, la gravité concrète semble être le critère de la sélection du contentieux devant la Cour pénale internationale. En effet, elle semble servir la recevabilité des situations et des affaires, et régit également l'ouverture d'une enquête, qu'il s'agisse d'une enquête de situation ou d'une enquête d'affaire. Or, l'absence de définition de la gravité pose là encore des difficultés, puisque l'analyse de la gravité concrète apparaît omniprésente (§1) au cours de la procédure et ainsi, lors de la sélection du contentieux. C'est pourtant dans le cadre de la sélection du contentieux que le risque d'une instrumentalisation de la gravité concrète (§2) apparaît le plus prégnant.

§1. L'analyse omniprésente de la gravité concrète

118. Au cours des différentes étapes qui guident la procédure devant la Cour pénale internationale, apparaît une omniprésence de l'analyse de la gravité concrète. En effet, non seulement plusieurs articles du Statut de Rome imposent cette analyse à différentes étapes de la procédure (A), mais également, cette analyse doit avoir lieu à plusieurs reprises, selon le stade de la procédure (B).

A. L'analyse de la gravité concrète au travers du Statut de Rome

119. La procédure qui est prévue par le Statut de Rome pour déclencher la compétence de la Cour est une procédure tout à fait spécifique. Plusieurs étapes sont décrites, et il existe également deux différents stades de la procédure : le stade de la situation, et le stade de l'affaire. La Cour est donc en premier lieu saisie d'une situation, qui peut se définir « *par des paramètres temporels, territoriaux, et éventuellement personnels* » [258], et qui « *font l'objet de procédures prévues par le Statut afin de décider si une situation donnée doit faire l'objet d'une enquête pénale, et de l'enquête en tant que telle* » [259]. Ainsi, la procédure qui se déroule au stade de la situation vise notamment à sélectionner des affaires, « *comprenant des incidents spécifiques au cours desquels un ou plusieurs crimes de la compétence de la Cour semblent avoir été commis par un ou plusieurs suspects identifiés* » [260], et qui « *font l'objet de procédures qui ont lieu après la délivrance d'un mandat d'arrêt ou d'une citation à comparaître* » [261].

---

[258] CPI, Chambre préliminaire I, 17 janvier 2006, situation en République démocratique du Congo, ICC-01/04-101-Corr., *Décision sur les demandes de participation à la procédure de VPRS 2, VPRS 3, VPRS 4, VPRS 5 et VPRS 6*, version publique expurgée, 17 janvier 2006, §.65.

[259] *Ibid.*

[260] *Ibid.*

[261] *Ibid.*

120. La première étape, au stade de la situation, consiste justement à sélectionner les situations pour lesquelles la Cour pénale internationale peut être compétente, et ce notamment en vertu des articles 15 et 53 du Statut de Rome, qui semblent imposer une analyse de la gravité concrète (1). Cependant, la gravité concrète est également explicitement érigée en condition de recevabilité à l'article 17 du Statut de Rome (2), condition de recevabilité qui doit également faire l'objet d'une analyse.

1. L'analyse de la gravité concrète au travers des articles 15 et 53 du Statut de Rome

121. La première étape de la procédure devant la Cour pénale internationale commence par la saisine de la Cour d'une situation. Il existe trois modes de saisines prévues à l'article 13 du Statut de Rome. D'après cet article, la Cour peut être saisie par un État partie ou par le Conseil de sécurité agissant en vertu du Chapitre VII de la Charte des Nations Unies. Plus précisément, il s'agira alors de déférer au Procureur de la Cour pénale internationale, *« une situation dans laquelle un ou plusieurs de ces crimes paraissent avoir été commis »* [262], ces crimes renvoyant ici à l'un des crimes visés à l'article 5 du Statut[263]. Mais l'article 13 prévoit également la possibilité pour le Procureur de se saisir lui-même d'une situation[264] ; il s'agira alors d'une saisine dite « *proprio motu* ». Suite à la

---

[262] Art. 13, alinéas a) et b), du Statut de Rome.

[263] Art. 13 du Statut de Rome : « *La Cour peut exercer sa compétence à l'égard d'un crime visé à l'article 5, conformément aux dispositions du présent Statut* » ; l'article 5 du Statut de Rome renvoyant à la compétence matérielle de la Cour, soit, « *les crimes les plus graves* » , à savoir le crime contre l'humanité, le génocide, le crime de guerre et le crime d'agression.

[264] Art. 13 alinéa c) du Statut de Rome : « *Si le Procureur a ouvert une enquête sur le crime en question en vertu de l'article 15* » .

saisine et aux renseignements reçus, le Procureur par la suite, décide d'ouvrir une enquête ou non, de sa propre initiative, comme le prévoit l'article 15 du Statut de Rome[265]. Or, pour cela, ce même article impose au Procureur de « *vérifier le sérieux des renseignements reçus* » [266]. Il s'agit donc pour le Procureur de vérifier que la situation qui lui a été déféré apparaît bien couvrir des crimes relevant de la compétence de la Cour. Cette vérification correspond en réalité à l'examen préliminaire, expression énoncée uniquement au dernier paragraphe de l'article 15 du Statut[267], et qui n'est prévu explicitement par aucun autre texte. Cet examen préliminaire est donc né de la pratique, de la nécessité de vérifier les informations reçues pour permettre la sélection des situations et l'ouverture d'une enquête. Il doit avoir lieu quel que soit le mode de saisine utilisé. A la lecture de l'article 15 du Statut, il apparaît que « *vérifier le sérieux des renseignements reçus* » , correspond à la vérification de l'existence « *d'une base raisonnable pour ouvrir une enquête* » [268]. Or, en ce qui concerne la manière dont il faut déterminer l'existence de cette base raisonnable, le Règlement de preuve et procédure[269] précise à la règle 48 que le Procureur doit se fonder sur les considérations visées aux alinéas a) à c) du paragraphe 1 de l'article 53[270].

---

[265] Art. 15-1 du Statut de Rome : « *Le Procureur peut ouvrir une enquête de sa propre initiative au vu des renseignements concernant des crimes relevant de la compétence de la Cour* » .

[266] Art. 15-2 du Statut de Rome.

[267] Art. 15-6 du Statut de Rome : « *Si, après l'examen préliminaire visé aux paragraphes 1 et 2, le Procureur conclut que les renseignements qui lui ont été soumis ne constituent pas une base raisonnable pour l'ouverture d'une enquête, il en avise ceux qui les lui ont fournis (...)* ».

[268] *Ibid.*

[269] CPI, Bureau du Procureur, Règlement du Bureau du Procureur, ICC-BD/05-01-09, entrée en vigueur le 23 avril 2009.

[270] *Ibid*, Règle 48.

122. Dès lors, l'article 15 du Statut, en ce qu'il impose de vérifier le sérieux des renseignements reçus, et ainsi l'ouverture d'un examen préliminaire permettant cette vérification afin de permettre l'ouverture d'une enquête, impose de remplir les conditions imposées par l'article 53, qui concerne notamment l'ouverture d'une enquête, et ainsi l'existence d'une « *base raisonnable* » [271]. Plus précisément, l'article 53 indique que, pour prendre sa décision d'ouvrir ou non une enquête, et ainsi, tout au long de l'examen préliminaire, le Procureur doit examiner certaines conditions, et la gravité concrète semble irriguer l'ensemble de ces conditions. En effet, d'une part, le Procureur doit examiner « *si les renseignements en sa possession fournissent une base raisonnable pour croire qu'un crime relevant de la compétence de la Cour a été ou est en voie d'être commis* » [272]. Cela renvoie à la compétence de la Cour, mais est-ce que cela renvoie à la compétence matérielle, ou à la compétence juridictionnelle de la Cour ? En effet, pris largement, il semble possible d'interpréter cette condition en considérant que le Procureur doit vérifier à la fois la compétence matérielle et la compétence juridictionnelle, et ainsi, analyser la gravité abstraite et la gravité concrète. Or, en réalité, la gravité concrète de l'affaire semble consister en une autre condition définie par l'article 53, et plus précisément à l'article 17 auquel l'article 53 renvoie[273]. Ainsi, la compétence visée ici semble plutôt renvoyer à la compétence matérielle de la Cour[274]. Quoi qu'il en soit, il revient tout de même au

---

[271] Article 53 Statut de Rome §1.

[272] Article 53 Statut de Rome, §1, a).

[273] Article 53 Statut de Rome, §1, b) qui renvoie aux conditions de recevabilité de l'article 17, et qui sera l'objet du 2) et qui ne sera donc pas traité ici.

[274] Mais cela renvoie également à la compétence personnelle, territoriale et temporelle. Seule la compétence matérielle nous intéresse ici.

Procureur d'analyser concrètement si les actes commis paraissent constituer l'un des crimes « *les plus graves* » , ce qui apporte encore de la confusion entre la gravité abstraite des crimes et la gravité concrète des crimes. En effet, pour qualifier un acte d'infraction internationale par nature, il revient au Procureur de vérifier que la valeur atteinte est bien celle qui fait la gravité abstraite de cette catégorie d'infraction, à savoir, la paix et la sécurité de l'humanité[275]. Mais il lui faut également vérifier si l'infraction est matériellement constituée, et ainsi vérifier l'élément matériel, ce qui implique souvent dans le cadre des crimes internationaux, d'apprécier la gravité de l'acte. Plus précisément, en prenant l'exemple du crime contre l'humanité, celui-ci doit consister en « *une attaque systématique ou généralisée contre une population civile* » [276] pour être constitué. Ainsi, le Procureur doit vérifier si, dans la situation qui lui a été déférée, les actes commis paraissent s'inscrire dans le cadre d'une attaque systématique ou généralisée contre une population, ce qui finalement revient à analyser l'ampleur de l'attaque, soit, sa gravité concrète. Ainsi, le Procureur a refusé d'ouvrir une enquête dans la situation au Venezuela du fait de l'absence de base raisonnable pour croire qu'une attaque généralisée ou systématique avait été lancée contre la population civile[277]. Il apparaît donc que, implicitement, la gravité concrète doit être analysée pour vérifier s'il existe une base raisonnable de croire qu'un crime relevant de la compétence de la Cour paraît avoir été commis.

123. La seconde condition visée à l'article 53-1 alinéa b), vise l'examen de la recevabilité prévu à l'article 17.

[275] Voir Chapitre I.

[276] Art. 7 du Statut de Rome, *op. cit.*

[277] CPI, Bureau du Procureur, Décision de ne pas enquêter du 9 février 2006 concernant la situation au Vénézuela.

L'article 17 exige que le Procureur vérifie la complémentarité[278], mais également, que soit appréciée la gravité concrète. Cela fera l'objet du développement suivant (2).

124. D'autre part, l'article 53 impose également au Procureur d'examiner « *s'il y a des raisons sérieuses de penser, compte tenu de la gravité du crime et des intérêts des victimes, qu'une enquête ne servirait pas les intérêts de la justice* » [279], et vise ainsi explicitement la notion de gravité. Cet alinéa vise la notion d'intérêts de la justice, qui est une notion qui soulève de nombreuses questions[280]. Mais ce qui est intéressant ici, c'est qu'il apparaît que le Procureur doit tenir compte de la gravité du crime pour déterminer si une enquête servirait ou non les intérêts de la justice. En l'absence de précisions supplémentaires, le plus instinctif serait que la gravité concrète des crimes implique nécessairement qu'une enquête serve les intérêts de la justice. Il est effectivement difficile d'imaginer que la répression d'un crime extrêmement grave ne serve pas les intérêts de la justice. Il reste que le Statut impose d'analyser ici, une fois encore, la gravité concrète des actes pour pouvoir ouvrir une enquête. L'analyse de la gravité apparaît ainsi omniprésente, et cela résulte de la lecture des textes du Statut de Rome.

125. Cette omniprésence de l'analyse de la gravité concrète soulève d'autant plus de questions que celle-ci est explicitement prévue comme une condition de recevabilité d'un contentieux devant la Cour, conditions de recevabilité que l'article 53 impose de remplir en son alinéa c) du paragraphe 1. Cet article renvoie à l'article 17 du Statut de

---

[278] Voir. *Supra*.
[279] Art. 53-1, alinéa c) du Statut de Rome.
[280] La question des intérêts de la justice ne sera pas traitée.

Rome, qui impose à son tour une analyse de la gravité concrète (2).

2. La gravité concrète comme condition de recevabilité de l'article 17 du Statut de Rome

126. L'article 53 du Statut de Rome énonce également que le Procureur doit examiner « *si l'affaire est ou serait recevable au regard de l'article 17* » [281] pour prendre sa décision d'ouvrir ou non une enquête. En effet, l'article 17 du Statut de Rome traite des questions relatives à la recevabilité. Parmi les quatre conditions de recevabilité que cet article impose, deux sont relatives au principe de la complémentarité de la Cour pénale internationale[282]. Or, si la complémentarité peut exprimer une première analyse de la gravité concrète des actes commis[283], ce n'est pas cette condition qui sera ici sujet à discussion. La troisième condition concerne le respect du principe *ne bis in idem*[284]. Mais surtout, la quatrième et dernière condition qui doit être analysée, est celle selon laquelle, la recevabilité ne serait pas satisfaite si « *l'affaire n'est pas suffisamment grave pour que la Cour y donne suite* » [285]. La gravité concrète est donc ici érigée en critère de recevabilité, et joue ainsi son rôle de critère de la compétence juridictionnelle de la Cour pénale internationale.

127. Ainsi, s'il apparaît que le critère de la gravité concrète implique qu'un crime est plus ou moins grave, l'article 17 du Statut est le seul article à imposer

---

[281] Article 53-1 alinéa b) du Statut de Rome.

[282] Article 17-1, alinéas a) et b) ; sur la complémentarité, voir *Supra.*, notamment §114.

[283] *Ibid.*

[284] Art. 17 -1, alinéa c) du Statut de Rome.

[285] Art. 17-1, alinéa d) du Statut de Rome.

explicitement l'analyse de ce critère, de manière indépendante, pour déterminer la compétence juridictionnelle de la Cour. Or, cette condition de recevabilité apparaît-elle véritablement nécessaire ? Il apparaît en effet, comme cela a été dit précédemment, que la gravité concrète irrigue l'ensemble du droit international pénal dans son aspect procédural, et est ainsi analysée constamment par le Procureur pour qu'il sélectionne ses affaires. De plus, cet article n'apporte pas plus d'indices quant à la définition de la gravité, et ainsi, la plus-value de l'ajout de cet alinéa pose question. Alors, pourquoi un tel article alors que la gravité concrète semble déjà être analysée par le Procureur dans sa prise de décision d'ouvrir ou non une enquête ?

128. Un intérêt peut être trouvé dans l'existence de cet alinéa prévoyant expressément une analyse de la gravité pour satisfaire la recevabilité devant la Cour pénale internationale. D'une part, la doctrine considère que la consécration de cet alinéa dans le Statut garantit à la fois l'efficacité de la justice pénale internationale, mais également l'effet dissuasif de la Cour[286]. En effet, cela signifie que des crimes d'une grande ampleur pourront être poursuivis, mais surtout, que les hauts dirigeants que la Cour vise à punir de manière prioritaire en ce qu'ils auraient la responsabilité la plus grave, ne pourront se soustraire à la justice[287]. La doctrine considère également que ce seuil de

---

[286] MBAYE Abdoul Aziz, SHOAMANESH Sam Sasan, « Commentaire de l'article 17 du Statut de Rome » , in *Statut de Rome, Commentaire article par article*, Tome I, sous la direction de FERNANDEZ Julien, PACREAU Xavier, UBEDA-SAILLARD Muriel, A. Pedone, 2e édition, 2019, p. 880.

[287] *Ibid.* En effet, les hauts dirigeants peuvent se croire protégés par les immunités par exemple, ou par des relations diplomatiques, et préciser que la Cour se concentre sur les affaires les plus graves indiquent que

gravité était nécessaire pour garantir une certaine cohérence avec la pratique du droit international pénal[288]. Or, s'il est vrai que les juridictions pénales internationales ont toujours eu pour objet la répression des crimes les plus graves, il reste que cela était le cas sans pour autant qu'un tel critère ne soit consacré explicitement par leur Statut[289]. De plus, il a été démontré précédemment que ce seuil de gravité nécessaire au déclenchement de la compétence juridictionnelle de la Cour s'impose de manière implicite au travers de plusieurs dispositions du Statut. Cela remet donc en cause l'idée de la nécessité de cet alinéa pour imposer ce seuil de gravité concrète.

129. En réalité, l'intérêt de cet alinéa est véritablement de faire de la gravité un critère de sélection du contentieux porté devant la Cour, sans que celui-ci ne soit rattaché à un autre critère tel que le principe de complémentarité, ou encore la recherche d'une base raisonnable de croire qu'un crime relevant de la Cour a été commis. En effet, cela signifie que le Procureur doit véritablement justifier de la gravité concrète des actes, indépendamment des autres conditions, pour prendre la décision d'ouvrir ou non une enquête. Ainsi, il apparaît que l'ajout de cet alinéa a pour objectif de cantonner l'action du Procureur à une intervention exceptionnelle de la justice pénale internationale, et ainsi préserver la souveraineté des États parties au Statut de Rome. Pourtant, est-ce là véritablement

---

ces hauts dirigeants peuvent être poursuivis devant la Cour, où l'immunité est inopérante, et peut avoir un effet dissuasif important.

288 *Ibid.*

289 S'il est vrai que se trouve l'expression « *grave* » dans les Statut des Tribunaux *ad hoc*, le fait de savoir s'il s'agit de gravité abstraite ou de gravité concrète n'est pas toujours clair. Quoi qu'il en soit, s'il peut être déduit du texte que les crimes poursuivis doivent atteindre un certain seuil de gravité concrète, celle-ci n'est en aucun cas érigée en condition de recevabilité dans le Statut, de manière explicite.

satisfaisant ? En effet, cet alinéa n'apporte aucune précision quant à des critères normatifs ou objectifs[290] pour apprécier dans quelle mesure la gravité concrète permet ou non de porter un contentieux devant la Cour, alors que de tels critères auraient été ici bienvenus. Or, la notion de gravité étant une notion subjective, celle-ci demeure en réalité à l'appréciation du Procureur, qui dans le cadre de son pouvoir discrétionnaire, pourra se fonder sur ce critère pour décider de ne pas ouvrir d'enquête.

130. Il apparaît ainsi que l'analyse de la gravité concrète irrigue l'ensemble de la procédure permettant à la Cour d'exercer sa compétence. Cependant l'omniprésence de l'analyse de la gravité pose question. Elle semble en réalité être le résultat d'une volonté de cantonner l'action du Procureur à chacune des étapes de la procédure, mais apporte plutôt de la confusion quant à ce critère de gravité, qui justifie tout, sans n'être jamais défini par des critères objectifs. De plus, si cette gravité concrète irriguant l'ensemble de la procédure doit être analysée au stade de la situation, à la fois lors de l'examen préliminaire afin de déterminer si une enquête peut être ouverte, mais également lors de l'enquête de situation afin de sélectionner les affaires portées devant la Cour, les articles analysés précédemment visent majoritairement le stade de l'affaire. Ainsi, non seulement il faut analyser la gravité concrète à plusieurs reprises, mais il faut également mener la même analyse à la fois au stade de la situation, et lors de l'enquête d'affaire « *comprenant des incidents spécifiques au cours desquels un ou plusieurs crimes de la compétence de la*

---

[290] MBAYE Abdoul Aziz, SHOAMANESH Sam Sasan, « Commentaire de l'article 17 du Statut de Rome » , in *Statut de Rome, Commentaire article par article*, Tome I, sous la direction de FERNANDEZ Julien, PACREAU Xavier, UBEDA-SAILLARD Muriel, A. Pedone, 2e édition, 2019, p. 880, *op. cit.*

Cour semblent avoir été commis par un ou plusieurs suspects identifiés » [291], afin de permettre la poursuite de ces affaires. Il est donc admis une double analyse de la gravité concrète (B), à la fois au stade de la situation, et au stade de l'affaire.

B. L'admission d'une double analyse de la gravité concrète

131. Au cours de la procédure devant la Cour pénale internationale, et dès le stade de l'examen préliminaire, le Procureur doit satisfaire des conditions visées aux articles 15, 53 et 17 du Statut de Rome. En effet, la spécificité de la Cour pénale internationale implique une procédure particulière, avec des stades différents. Il a été montré qu'un examen préliminaire est nécessaire pour vérifier « *le sérieux des renseignements reçus* » [292], et ainsi sélectionner les situations qui pourraient faire l'objet d'une enquête. Or, l'ouverture d'une enquête est encadrée par les conditions imposées par l'article 53 du Statut de Rome, conditions qu'il faut donc respecter pour ouvrir une enquête de situation, suite à l'examen préliminaire. Mais la procédure ne s'arrête pas à l'enquête de la situation. En effet, l'enquête de situation a pour objet de sélectionner les affaires qui pourraient faire l'objet d'une enquête, puis de poursuites, ce qui implique donc que les conditions de l'article 53, qui ne vise que l'ouverture d'une enquête sans précisions supplémentaires, doivent être de nouveau satisfaites. Ainsi, et puisque l'article 15 du Statut, ainsi que la règle 48 du

---

[291] CPI, Chambre préliminaire I, 17 janvier 2006, situation en République démocratique du Congo, ICC-01/04-101-Corr., *Décision sur les demandes de participation à la procédure de VPRS 2, VPRS 3, VPRS 4, VPRS 5 et VPRS 6*, version publique expurgée, 17 janvier 2006, §.65, *op. cit.*
[292] Art. 15-2 du Statut de Rome.

Règlement de preuve et procédure[293], imposent un examen préliminaire contraint par les conditions de l'article 53, ce sont bien les textes du Statut qui imposent cette analyse à plusieurs stades de la procédure. Cela signifie donc qu'à la fois dans le cadre de la situation et dans le cadre de l'affaire, le Procureur doit vérifier s'il existe une base raisonnable de croire que des crimes relevant de la compétence de la Cour ont été commis, si les conditions de recevabilité de l'article 17 du Statut sont respectées, et si l'ouverture d'une enquête ne porte pas atteinte aux intérêts de la justice[294]. La gravité concrète est ainsi analysée à la fois au stade de la situation, et au stade de l'affaire, ce qui vient renforcer l'aspect omniprésent de l'analyse de la gravité concrète au cours de la procédure. C'est d'autant plus le cas de la gravité en tant que condition de recevabilité prévue à l'article 17 du Statut. En effet, lors de l'enquête d'affaire, afin de poursuivre une personne, le Procureur doit de nouveau vérifier la recevabilité, et ainsi, la gravité concrète, puisque l'article 17 vise de manière répétée le terme d'affaire[295]. C'est par ailleurs cette précision qui a amené de la confusion quant à l'analyse de la recevabilité au stade de la situation, et ce, malgré ce que la rédaction du Statut semblait induire.

132. La jurisprudence est donc intervenue pour mettre fin à cette confusion, et a admis que les conditions de recevabilité de l'article 17 du Statut de Rome, et notamment le critère de gravité, devaient être analysées à chacun des stades de la procédure. En effet, dans le cadre de la situation Kenyane, la Chambre préliminaire confirme que « *le Statut est rédigé d'une façon qui résout généralement les questions relatives à la recevabilité à différents stades de la*

---

[293] Voir. *Supra*.

[294] Art. 53 du Statut de Rome, *op. cit*.

[295] Art. 17-1 alinéas a), b), d) du Statut de Rome.

procédure, et ce jusqu'au procès » [296], et donc que ce sont bien les textes du Statut qui imposent cette double analyse. Elle s'efforce ensuite de justifier cela, malgré le terme « *affaire* » utilisé à l'article 17, en considérant que « *les auteurs du Statut ont délibérément conservé le terme « affaire » dans toutes les dispositions pertinentes relatives à la recevabilité, y compris à l'article 17, laissant ainsi toute latitude à la Cour pour en harmoniser le sens en fonction des différents stades de la procédure* » [297]. Elle affirme ainsi qu'au stade de la situation, l'examen de la recevabilité porte sur des « *affaires potentielles* » [298] et confirme l'exigence d'une analyse de la recevabilité à la fois au stade de la situation, et au stade de l'affaire. Cette solution sera confirmée par la jurisprudence ultérieure[299].

133. Ainsi, il apparaît que le Statut de Rome impose constamment la prise en compte de la gravité concrète pour sélectionner les situations et les affaires. Or, cette omniprésence de l'analyse de la gravité concrète étant imposée par les textes du Statut, celle-ci semble résulter d'une volonté des auteurs du Statut, à savoir les États. Il apparaît en effet que la communauté internationale ait souhaité cantonner la marge de manœuvre du Procureur, afin qu'il ne multiplie pas les décisions d'ouverture d'enquêtes, et que la justice pénale internationale demeure exceptionnelle. La volonté qui semble ici s'exprimer serait

---

[296] CPI, Ch. Prél. II, Situation au Kenya, ICC-01/09-19, Décision relative à la demande d'autorisation d'ouvrir une enquête dans le cadre de la situation en République du Kenya rendue en application de l'article 15 du Statut de Rome, 31 mars 2010, §.62.
[297] *Ibid.*, §.47.
[298] *Idid.*, §.48.
[299] Voir par exemple : CPI, Ch. Prél. III, *Situation en République de Côte d'Ivoire*, ICC-02/11-14-Corr-tFRA, *Rectificatif à la Décision de Côte d'Ivoire rendue en application de l'article 15 du Statut de Rome*, 15 novembre 2011, §§ 190-191.

celle de préserver la souveraineté des États de la manière la plus large possible, en contraignant le Procureur à analyser la gravité concrète à diverses étapes de la procédure, et aux différents stades de la procédure. Or, la gravité demeure une notion subjective, variable, et qui n'est pas définie par le Statut de Rome. Il n'y a aucun indice guidant l'appréciation de ce critère, ce qui peut faire craindre un risque d'instrumentalisation de la gravité concrète en pratique (§2).

§2. Le risque d'instrumentalisation de la gravité concrète en pratique

134. L'analyse de la gravité concrète apparaît omniprésente au cours de la procédure, sans pour autant que cette notion ne soit définie par les textes du Statut de Rome. Ce sont donc les Chambres de la Cour, et notamment la Chambre préliminaire, qui ont tenté de dessiner les contours de cette notion, notamment en donnant des indices quant à son appréciation. En effet, dans le cadre de la procédure, la Chambre préliminaire est susceptible d'intervenir différemment, selon diverses hypothèses. Si le Procureur refuse d'ouvrir une enquête suite à une saisine d'un État ou du Conseil de Sécurité de l'ONU, ceux-ci peuvent exercer un recours contre cette décision devant la Chambre préliminaire, qui pourra demander au Procureur de reconsidérer sa décision[300]. Cependant, dans le cas d'une saisine *proprio motu*, soit, une auto-saisine du Procureur, la décision de ne pas ouvrir d'enquête ne peut faire l'objet d'un recours devant la Chambre préliminaire, à l'exception de l'hypothèse dans laquelle ce refus serait justifié par le critère des intérêts de la justice, hypothèse pour laquelle le refus d'enquêter doit alors être confirmé par la Chambre

[300] Art. 53-3 alinéa a) du Statut de Rome.

préliminaire[301]. Enfin, toujours dans le cadre de la saisine *proprio motu*, la Chambre préliminaire intervient pour autoriser l'ouverture d'une enquête demandée par le Procureur. Cette autorisation n'est pas exigée concernant les autres modes de saisines, et n'existe pas non plus au stade des poursuites. Il apparaît donc que la Chambre préliminaire et le Procureur de la Cour possèdent d'importants pouvoirs quant à la sélection du contentieux. Ainsi, l'appréciation de la gravité concrète par les Chambres de la Cour (A) revêt une importance particulière, et cela semble être encore plus le cas de l'utilisation du critère de la gravité concrète par le Procureur (B).

A. L'appréciation de la gravité concrète par les Chambres de la Cour

135. La jurisprudence de la Cour est venue apporter certaines précisions quant à l'appréciation de la gravité concrète. Elle a en effet dégagé une appréciation quantitative et qualitative de la gravité concrète (1), mais a également précisé l'existence d'appréciations différentes au stade de la situation et au stade de l'affaire (2).

1. L'appréciation quantitative et qualitative de la gravité concrète

136. Au regard de la définition commune de la notion de gravité, qui vise notamment ce qui a de l'importance[302], ce qui peut avoir des conséquences importantes, il apparaît qu'une appréciation quantitative de la gravité concrète soit privilégiée. En effet, la gravité concrète correspondant aux conséquences de la commission du crime, il peut apparaître

---

[301] Art. 53-3 alinéa b) du Statut de Rome.

[302] Dictionnaire en ligne du Centre national de ressources textuelles et lexicales ; définition de « *gravité* » , *op. cit.*

que l'ampleur quantitative des dommages résultant de l'infraction doit être analysée pour mesurer la gravité concrète d'un crime. Ainsi, initialement seule une approche quantitative semblait être admise, et des décisions de refus d'enquêter ont été prises par le Procureur en se fondant sur cette approche de la gravité concrète[303]. Cependant, une approche uniquement quantitative du critère de gravité soulève de nombreuses questions. Celle-ci revient en effet à comparer les conséquences dommageables des crimes internationaux, et donc à comparer le nombre de victimes. Une telle analyse apparaît problématique quant à l'image de la justice pénale internationale puisque, analyser la gravité concrète au regard du nombre de victimes revient finalement à décider d'un certain seuil à partir duquel le nombre de victimes est suffisamment élevé pour considérer le crime comme étant suffisamment grave. Ainsi, l'approche quantitative n'apparaissant pas satisfaisante, la jurisprudence est venue ajouter à celle-ci, une approche qualitative, sans pour autant la remplacer complètement.

137. C'est dans une décision relative à l'affaire Lubanga Dyilo que l'appréciation qualitative a vu le jour. En effet, la Chambre préliminaire I a ici indiqué que la gravité concrète devait s'apprécier au regard de trois conditions, qui reviennent à analyser si le comportement mis en cause dans l'affaire est à grande échelle ou systématique et a provoqué l'indignation de la communauté internationale ; si les personnes soupçonnées font partie de la catégorie des hauts

[303] C'est notamment le cas de la décision de ne pas enquêter dans le cadre de la situation Irakienne en 2006, où le Procureur a considéré qu'il n'y avait pas un nombre potentiel de victimes suffisamment élevé pour satisfaire le critère de gravité ; voir : Bureau du Procureur, *Réponse du BDP concernant les communications reçues à propos de l'Irak* (février 2006) à la p. 8, en ligne : CPI <https://www.icc-cpi.int> [Bureau du procureur, *Réponse du BDP concernant les communications reçues à propos de l'Irak*].

dirigeants ; et si la personne soupçonnée porte la plus haute responsabilité au regard du rôle qu'elle a joué dans l'entreprise d'ensemble[304]. Cette appréciation de la gravité concrète ne sera cependant pas retenue par la Chambre d'Appel, considérant notamment le critère de la provocation de l'indignation de la communauté internationale comme « *inapproprié* » [305], car il dépendrait « *davantage de réactions subjectives et variables que de la gravité objective de ces crimes* » [306]. Il est ici très intéressant de constater que la Chambre d'Appel elle-même dénonce l'aspect subjectif de l'appréciation de la gravité concrète, du fait de la considération de la réaction de la communauté internationale. Or, si cet argument apparaît en effet justifié, la gravité concrète, en l'absence de critères normatifs et objectifs guidant son appréciation, demeure une notion subjective. Pour autant, la Chambre d'Appel semble ici dénoncer un critère erroné pour apprécier la gravité concrète, en ce qu'il serait trop restrictif[307]. Alors, faut-il en conclure que la seule approche quantitative, sans qu'aucun critère d'appréciation ne soit défini, pour analyser la gravité concrète, soit l'interprétation privilégiée ? Il semblerait que ce ne soit pas le cas, puisque par la suite, l'ajout d'une approche qualitative a été admise.

---

[304] CPI, Ch. Prél. I, *Le Procureur c Thomas Lubanga Dyilo*, ICC-01/04-01/06-8-US, Décision relative à la Requête du Procureur aux fins de délivrance d'un mandat d'arrêt en vertu de l'article 58 (24 février 2006), §46 à 54.
[305] CPI, Ch. Appel, *Le Procureur c Thomas Lubanga Dyilo*, ICC-01/04-169-tFRA, Arrêt relatif à l'appel interjeté par le Procureur contre la décision de la Chambre préliminaire I intitulée « Décision relative à la requête du Procureur aux fins de délivrance de mandats d'arrêt en vertu de l'article 58 » (13 juillet 2006), § 68 à la p 25, en ligne : CPI https://www.icc- cpi.int/CourtRecords/CR2007_01744.PDF
[306] *Ibid.*, §.72.
[307] *Ibid.*, §.82.

138. En effet, par la suite, dans le cadre de l'affaire Abu Garda, la Chambre préliminaire a considéré que l'analyse de la gravité pouvait avoir lieu à la fois par une approche quantitative, mais également par une approche qualitative. En ce sens, elle énonce que « *la gravité d'une affaire ne devrait pas être exclusivement appréciée d'un point de vue quantitatif, en d'autres termes, en ne considérant que le nombre des victimes ; au contraire, il convient de prendre aussi en considération les aspects qualitatifs du crime* » [308]. Reste à savoir à quoi correspondent les aspects qualitatifs du crime. A ce propos, la Chambre préliminaire poursuit qu'il est possible de prendre en compte des éléments énoncés à la règle 145-1-c du Règlement de preuve et de procédure qui porte sur la fixation de la peine, et notamment « *l'ampleur du dommage causé, en particulier le préjudice causé aux victimes et aux membres de leur famille, de la nature du comportement illicite et des moyens qui ont servi au crime* » [309]. Cependant, il ne s'agit que d'une possibilité pour la Chambre préliminaire, qui n'impose ici aucun critère d'appréciation de la gravité concrète. Par la suite, la Chambre préliminaire reprendra ce raisonnement, en précisant les éléments qui peuvent être pris en compte pour apprécier la gravité, toujours en s'inspirant de la règle 145 du Règlement de preuve et de procédure. En effet, dans une décision relative à la situation au Kenya, la Chambre Préliminaire ajoute que peuvent être pris en considération « *i) l'ampleur des crimes allégués (en évaluant aussi leur intensité sur les plans géographique et temporel) ; ii) la nature du comportement illicite ou des crimes allégués ; iii)*

---

[308] CPI, Ch. Prél. I, Situation au Darfour (Soudan), le Procureur c. Bahar Idriss Abu Garda, ICC-02/05-02/09-243-Red-tFRA, Décision relative à la confirmation des charges, version publique expurgée, 8 février 2010, §.31.

[309] *Ibid.*, §.32, et la Chambre préliminaire cite ici l'article 145-1-c du Règlement de preuve et procédure de la CPI.

les moyens employés pour l'exécution des crimes (c'est-à-dire, la façon dont ils ont été commis) ; et iv) l'impact des crimes et le préjudice causé aux victimes et à leur famille » [310]. Ainsi, la Chambre préliminaire semble s'aligner sur la jurisprudence des Tribunaux *ad hoc*, puisqu'il ressort de celle-ci que « *la gravité requiert de prendre en compte toutes les données factuelles et notamment la nature de l'acte ou de l'omission, le contexte dans lequel il s'inscrit, la situation personnelle de la victime (...), ainsi que les effets physiques, mentaux et moraux de l'acte sur la victime* » [311]. Cependant, la Chambre préliminaire présente ces éléments comme une simple possibilité, ce qui signifie que l'approche qualitative de la gravité concrète n'est pas circonscrite. Or, quand bien même l'admission d'une approche qualitative apparaît bienvenue, l'absence de critères imposés, normatifs et objectifs demeure critiquable.

139. En réalité, il ressort de la jurisprudence précitée que l'approche qualitative de la gravité concrète correspond aux circonstances liées à la commission des crimes[312]. Il reste qu'en l'absence de critères normatifs et objectifs, l'approche qualitative de la gravité concrète peut aboutir à un critère de gravité particulièrement élastique[313], du fait de

---

[310] CPI, ChPrél. II, Situation au Kenya, ICC-01/09-19, Décision relative à la demande d'autorisation d'ouvrir une enquête dans le cadre de la situation en République du Kenya rendue en application de l'article 15 du Statut de Rome, 31 mars 2010, *op. cit.*, §62.
[311] TPIY, Ch. II, jugement Vasiljević, IT-98-32-T, 29 novembre 2002, §235.
[312] BITTI Gilbert, « Commentaire de l'article 53 du Statut de Rome », in *Statut de Rome, Commentaire article par article*, Tome I, sous la direction de FERNANDEZ Julien, PACREAU Xavier, UBEDA-SAILLARD Muriel, A. Pedone, 2e édition, 2019, p. 1472.
[313] *Ibid.*, voir aussi : MAGNOUX Claire. « The Sound of Silence : le pouvoir discrétionnaire du procureur de la Cour pénale internationale à travers l'utilisation des critères d'intérêts de la justice et de gravité lors de l'ouverture d'une enquête » In: Re*vue Québécoise de droit*

son caractère subjectif. La mesure de la gravité concrète de manière qualitative sera nécessairement subjective, puisqu'il faudra déterminer à partir de quoi est-ce que les circonstances liées à la commission des crimes témoignent d'une gravité suffisante. Finalement, le problème ne réside pas plus dans l'approche choisie, qu'elle soit quantitative ou qualitative, que dans la notion de gravité elle-même. Tout ceci montre encore à quel point la gravité est un critère insatisfaisant, et semble l'être d'autant plus en ce qui concerne son rôle de sélection du contentieux. Certains auteurs regrettent l'évincement de la considération de l'indignation de la communauté internationale provoquée par le crime[314], estimant que celle-ci pourrait permettre un glissement géographique du contentieux de la Cour pénale internationale, de l'Afrique vers l'occident notamment[315]. Cette remarque renforce l'idée d'un critère de gravité comme favorisant une instrumentalisation arbitraire de celui-ci dans la sélection des situations et des affaires.

140. De plus, si la Chambre préliminaire a admis une approche quantitative et qualitative du critère de gravité concrète, il faut rappeler que ce critère doit être analysé à la fois au stade de la situation et de l'affaire, ce qui semble impliquer des appréciations différentes de la gravité concrète au stade de la situation et au stade de l'affaire (2).

2. Les appréciations différentes de la gravité concrète au stade de la situation et au stade de l'affaire

---

international, volume 1-1, 2017. Hors-série décembre 2017 – E*tudes de certains grands enjeux de la justice internationale pénale*, p. 21.

314 C'est le cas de Kevin Jon Heller, dont l'idée est retranscrite par OSIEL Mark, « How Should the ICC Office of the Prosecutor Choose Its Cases? The Multiple Meanings of 'Situational Gravity' » , *The Hague Justice Portal*, 2009, 7 pages.

315 *Ibid.*

141. La Cour pénale internationale, et plus précisément, la Chambre Préliminaire, est venue affirmer que l'examen de la recevabilité, et notamment l'analyse du critère de gravité prévu à l'article 17 du Statut de Rome, devait avoir lieu à la fois au stade de l'affaire, mais également au stade de la situation au regard « *d'affaires potentielles* » [316]. Ainsi, la gravité concrète doit être analysée à chacun de ces stades, alors même que les informations disponibles ne sont pas les mêmes. En effet, une situation se définit « *par des paramètres temporels, territoriaux, et éventuellement personnels* » [317], puisqu'il s'agit de la phase où est analysé l'ensemble d'une situation. Par exemple, pour ce qui concerne le Rwanda, l'ensemble de la situation Rwandaise est analysé, afin de déterminer des affaires potentielles, les affaires « *comprenant des incidents spécifiques au cours desquels un ou plusieurs crimes de la compétence de la Cour semblent avoir été commis par un ou plusieurs suspects identifiés* » [318], soit, des actes de génocide, ou de crime contre l'humanité par exemple. Dès lors, si la situation implique une analyse globale, tandis que l'affaire permet une analyse plus spécifique, cela signifie que la gravité concrète ne peut être analysée de la même manière selon le stade concerné. Des précisions doivent donc être apportées pour comprendre comment la gravité concrète est appréciée. En effet, la jurisprudence a donné certains

---

[316] CPI, Ch. Prél. II, Situation au Kenya, ICC-01/09-19, Décision relative à la demande d'autorisation d'ouvrir une enquête dans le cadre de la situation en République du Kenya rendue en application de l'article 15 du Statut de Rome, 31 mars 2010, *op. cit.*, §.40 à 62 ; voir *Supra.*

[317] CPI, Chambre préliminaire I, 17 janvier 2006, situation en République démocratique du Congo, ICC-01/04-101-Corr., *Décision sur les demandes de participation à la procédure de VPRS 2, VPRS 3, VPRS 4, VPRS 5 et VPRS 6*, version publique expurgée, 17 janvier 2006, §.65., op.cit.

[318] *Ibid.*

indices concernant certains paramètres à prendre en considération lors de l'analyse du critère de gravité concrète, et ces indices diffèrent selon qu'il s'agit du stade de la situation, ou du stade de l'affaire.

142. En ce qui concerne le stade la situation, des indications ont été données par la Chambre Préliminaire dans le cadre de décisions relatives à la situation au Kenya[319]. La Chambre préliminaire a ici dégagé deux circonstances au regard desquelles il est possible d'analyser la gravité concrète d'une situation. La première consiste à vérifier l'existence de « *groupes de personnes impliquées susceptibles d'être visées au premier chef par une enquête afin d'appréhender la ou les futures affaires* » [320], et notamment, que de tels groupes « *comprennent ceux qui pourraient porter la plus grande responsabilité pour les crimes reprochés* » [321]. La seconde circonstance vise à rechercher « *des crimes relevant de la compétence de la Cour qui auraient été commis durant les évènements susceptibles d'être visés au premier chef par une enquête afin de déterminer la ou les futures affaires* » [322], et qui ainsi, « *concerne principalement la gravité des crimes commis dans le cadre des évènements* » [323]. Les indications données par la Chambre Préliminaire sont assez larges, et cela s'explique par le contexte de la situation. En effet, au stade de la situation, il s'agit d'analyser une situation globale, soit, avec des informations peu précises. De plus, puisqu'au stade de la situation, il s'agit de rechercher

[319] CPI, Ch. Prél. II, Situation au Kenya, ICC-01/09-19, 31 mars 2010, *Décision relative à la demande d'autorisation d'ouvrir une enquête dans le cadre de la situation en République du Kenya rendue en application de l'article 15 du Statut de Rome, op. cit.*
[320] *Ibid.*, §.59.
[321] *Ibid.*, §.60.
[322] *Ibid.*, §. 59
[323] *Ibid.*, §.61.

l'existence d'affaires potentielles, l'analyse de la gravité ne peut, à ce stade, porter que sur le fait de savoir si des crimes relevant de la compétence de la Cour ont été commis, et s'ils sont suffisamment graves, ainsi que sur la recherche de l'existence d'une entreprise d'ensemble. Ainsi, l'analyse de la gravité concrète au stade de la situation semble pouvoir avoir lieu de manière assez large, ce qui, paradoxalement, peut permettre une véritable appréciation discrétionnaire, voire arbitraire de la gravité. En effet, la notion de gravité demeurant insaisissable, de telles circonstances ne semblent pas permettre de garantir l'absence d'instrumentalisation du critère de gravité pour décider de clôturer ou poursuivre la procédure au stade de la situation. Il reste que cette analyse est nécessaire pour pouvoir passer au stade de l'affaire, au cours duquel la gravité concrète doit de nouveau faire l'objet de vérifications.

143. En ce qui concerne le stade de l'affaire, les circonstances à prendre en considération sont plus développées, ce qui apparaît tout à fait cohérent puisque l'affaire est un stade plus précis, pour lequel les informations disponibles sont donc plus spécifiques. En effet, d'une part, la Cour considère qu'il convient de se fonder sur la systématicité du crime qui aurait été accompli par l'accusé, ce qui semble finalement se rapporter à l'ampleur du crime commis, à son importance, ou encore à son caractère répété. Par exemple, dans le cadre de l'affaire Lubanga, la systématicité a joué un rôle dans la recevabilité de l'affaire au regard du critère de gravité[324]. La Cour se fonde également sur l'indignation que le comportement a suscité dans la communauté internationale. En effet, dans le cadre de l'affaire Al Madhi, la Chambre préliminaire a

---

[324] CPI, Ch. Prél. I, Lubanga, ICC-01/04-01/06-8-US-Corr-tFR, *Décision relative à la requête du Procureur aux fins de délivrance d'un mandat d'arrêt en vertu de l'article 58*, 24 février 2006, §65 et 66.

considéré que « *l'indignation unanime de la communauté internationale et des personnes concernées vient étayer l'allégation du Procureur quant à la gravité de ces actes* » [325]. Or, une telle solution pose question, puisque la prise en considération de cet élément a été refusée par la Chambre d'Appel, qui a jugé celui-ci comme « *inapproprié* » [326]. Il semblerait donc que la Chambre préliminaire n'ait pas renoncé à ce critère, en tout cas, au stade de l'affaire. En effet, ce critère ne semble pas être utilisé au stade de la situation. Quoi qu'il en soit, ce critère a été admis par la Chambre préliminaire concernant l'affaire Al Mahdi, alors même que cette affaire concernait des atteintes aux biens, ce qui interroge quant à l'utilisation de ce critère pour apprécier la gravité concrète d'une affaire[327]. Outre ces premiers critères relatifs aux crimes commis, la Cour se fonde également sur la position hiérarchique de l'accusé, sur le rôle qu'il a joué. Enfin, la Cour se fonde sur l'impact qu'a eu le crime sur les victimes[328].

144. Finalement, les éléments indiqués par la Chambre préliminaire rappellent ici les indices donnés par celle-ci

---

[325] CPI, Ch. Prél. I, Al Mahdi, ICC-01/12-01/15, *Décision relative à la confirmation des charges portées contre Ahmad Al Faqi Al Mahdi*, 24 mars 2016, §39.

[326] CPI, Ch. Appel, *Le Procureur c Thomas Lubanga Dyilo*, ICC-01/04-169-tFRA, Arrêt relatif à l'appel interjeté par le Procureur contre la décision de la Chambre préliminaire I intitulée « Décision relative à la requête du Procureur aux fins de délivrance de mandats d'arrêt en vertu de l'article 58 » (13 juillet 2006), *op. cit.*, § 68.

[327] Voir. *Infra.*

[328] CPI, Ch. Prél. I, Abu Garda, ICC-02/05-02/09-243-Red-tFRA, *Décision relative à la confirmation des charges, 8 février 2010*, §§ 33 et 34. Dans le cadre de cette affaire, les victimes étaient notamment des membres du personnel de la Mission de l'Union africaine au Soudan, dont le mandat était de protéger des millions de civils du Darfour ayant besoin d'une aide humanitaire et de sécurité.

quant à l'appréciation qualitative de la gravité concrète[329]. La différence existante entre l'appréciation de la gravité au stade de la situation ou au stade de l'affaire semble surtout tenir à l'intensité de l'analyse qui est menée. Il ressort de tout cela un véritable devoir d'analyser abondamment la gravité concrète au cours de la procédure, et la Chambre préliminaire semble encourager l'approche qualitative. Il reste que, malgré la multiplication des indices quant aux circonstances à prendre en compte dans l'analyse de la gravité concrète, la notion de gravité demeure insaisissable. En effet, quel est le seuil permettant de considérer que le crime a bien été commis de manière systématique, et que cette circonstance rend le crime suffisamment grave pour que la Cour y fasse suite ? À partir de quand l'indignation de la communauté internationale implique-t-elle une gravité suffisante ? La jurisprudence ne répond pas à ces questions, et la gravité demeure donc insaisissable et variable. De plus, les indications données par la Cour quant aux éléments à prendre en compte pour analyser la gravité concrète, ne sont que des indications, et ne s'imposent donc pas. Ainsi, l'appréciation de la gravité concrète semble demeurer discrétionnaire, voire arbitraire, ce qui fait craindre son instrumentalisation, notamment au travers de l'utilisation du critère de la gravité concrète par le Procureur (B).

B. L'utilisation du critère de la gravité concrète par le Procureur

145. Les indices dégagés par la jurisprudence pour apprécier la gravité concrète n'apparaissent pas suffisants, d'autant plus qu'il ne s'agit pas de critères imposés. Ainsi,

---

329 CPI, Ch. Prél. II, Situation au Kenya, ICC-01/09-19, Décision relative à la demande d'autorisation d'ouvrir une enquête dans le cadre de la situation en République du Kenya rendue en application de l'article 15 du Statut de Rome, 31 mars 2010, *op. cit.*, §62.

la gravité concrète demeure une notion subjective, variable et insaisissable, qui semble donc servir le pouvoir discrétionnaire du Procureur (1) dans la sélection du contentieux. Mais en réalité, la gravité apparaît être une notion au service d'une justice politisée (2).

1. Le critère de la gravité concrète au service du pouvoir discrétionnaire du Procureur

146. Le critère de la gravité concrète semble servir le pouvoir discrétionnaire du Procureur, qui doit également procéder à une appréciation de la gravité concrète. Or, il ressort de l'analyse de la pratique que le Procureur semble faire une utilisation abusive du critère de la gravité concrète.

L'appréciation de la gravité concrète par le Procureur

147. La gravité irriguant l'ensemble de la procédure devant la Cour Pénale Internationale, ce critère apparaît à première vue être au service de l'opportunité des poursuites du Procureur, dans son pouvoir discrétionnaire de sélectionner le contentieux. En effet, si la jurisprudence s'est attachée à préciser, de manière plus ou moins satisfaisante, la manière dont il faut apprécier la gravité concrète, ce fut également le cas du Procureur, notamment au travers de son Document de Politique Générale relatif à la sélection et à la hiérarchisation des affaires[330]. Dès les premiers paragraphes, est affirmé l'omniprésence de la

[330] CPI, Bureau du Procureur, *Document de politique générale relatif à la sélection et à la hiérarchisation des affaires*, 15 septembre 2016. §2 : « *Il s'agit d'un document interne du Bureau qui ne produit par conséquent aucun effet juridique et qui est susceptible d'être modifié en fonction de l'expérience acquise et de l'évolution jurisprudentielle et/ou de toute modification pertinente des textes juridiques de la Cour* ».

gravité concrète dans la procédure puisque ce Document indique que « *la gravité est le critère prédominant adopté par le Bureau du Procureur dans la sélection des affaires, et elle est également ancrée dans la détermination du degré de responsabilité des auteurs présumés et dans la décision de mise en accusation* » [331]. Cette affirmation semble également confirmer le rôle primordial que joue la gravité concrète dans l'exercice de l'opportunité des poursuites par le Procureur.

148. Ce Document rappelle également que la gravité concrète constitue un critère de recevabilité dont l'analyse est ainsi imposée par l'article 17-1 alinéa d) du Statut de Rome. A ce sujet, le Règlement du Bureau du Procureur donnait déjà quelques précisions quant aux éléments à prendre en considération, en visant notamment « *divers éléments, y compris l'échelle, la nature, le mode opératoire et l'impact desdits crimes* » [332], critère repris par le Document[333]. Cela semble ressembler aux éléments de l'approche qualitative dégagée par la Chambre Préliminaire[334], l'échelle pouvant se rapporter à l'ampleur des crimes, la nature étant celle du comportement ou du crime, le mode opératoire se rapprochant des moyens employés pour l'exécution des crimes, et l'impact desdits crimes rappelant l'impact des crimes et le préjudice causé aux victimes. Pour autant les éléments énoncés par le

---

[331] *Ibid.*, §. 6.

[332] CPI, Bureau du Procureur, Règlement du Bureau du Procureur, ICC-BD/05-01-09, entrée en vigueur le 23 avril 2009, *op.cit.*, Norme 29-2.

[333] CPI, Bureau du Procureur, *Document de politique générale relatif à la sélection et à la hiérarchisation des affaires*, 15 septembre 2016., *op. cit.*, §.32.

[334] CPI, Ch. Prél. II, Situation au Kenya, ICC-01/09-19, Décision relative à la demande d'autorisation d'ouvrir une enquête dans le cadre de la situation en République du Kenya rendue en application de l'article 15 du Statut de Rome, 31 mars 2010, *op. cit.*, §62.

Règlement du Bureau du Procureur le sont en des termes beaucoup plus larges. Cela s'explique par le fait que le Procureur semble suivre la jurisprudence de la Chambre d'Appel[335], puisque le Document précité énonce que « *s'agissant de la gravité en tant que critère de recevabilité au regard de l'article 17-1-d, la Chambre d'appel s'est opposée à une interprétation trop restrictive de cette notion qui nuirait au rôle dissuasif de la Cour* » [336]. Dès lors, le Procureur semble aller dans le sens d'une interprétation large de la gravité concrète, ce qui pose également question compte tenu du caractère subjectif de cette notion.

149. Le Document relatif à la sélection et à la hiérarchisation des affaires apporte cependant d'autres précisions quant à l'appréhension de la notion de gravité, en la classant dans deux catégories de critères. La gravité concrète, selon ce Document, serait à la fois un critère juridique[337], ce qui correspond au critère de recevabilité de l'article 17-1 alinéa d), mais également un critère de sélection des affaires[338]. Cette répartition est intéressante puisque d'une part, est-il vraiment possible d'affirmer que la gravité concrète, en tant que critère de recevabilité, est un critère juridique ? Cette notion qui n'est jamais ni définie ni conceptualisée juridiquement, n'a de juridique que sa source en ce qu'elle est prévue en tant que critère de recevabilité. D'autre part, le Document vient ajouter un rôle

---

[335] CPI, Ch. Appel, *Le Procureur c Thomas Lubanga Dyilo*, ICC-01/04-169-tFRA, Arrêt relatif à l'appel interjeté par le Procureur contre la décision de la Chambre préliminaire I intitulée « Décision relative à la requête du Procureur aux fins de délivrance de mandats d'arrêt en vertu de l'article 58 » (13 juillet 2006), § 68, op.cit.

[336] CPI, Bureau du Procureur, *Document de politique générale relatif à la sélection et à la hiérarchisation des affaires*, 15 septembre 2016, *op.cit.*, §32.

[337] *Ibid.*, §32, classé dans le 4) « *Critères juridiques* » .

[338] *Ibid.*, §34, classé dans le 5) « *Critères de sélection des affaires* » .

à la gravité concrète qui n'est pas prévue explicitement par le Statut de Rome, soit, celui visant la sélection des affaires. En effet, « *le Bureau sélectionne les affaires dans le cadre desquelles des enquêtes et des poursuites vont être menées en se fondant sur la gravité des crimes (...)* » [339], ce qui semble véritablement affirmer que le critère de gravité concrète sert le pouvoir discrétionnaire du Procureur. Cette idée est renforcée par le fait que le Document poursuit en énonçant que « *la gravité des crimes en tant que critère de sélection des affaires se rapporte à l'objectif stratégique du Bureau consistant à concentrer les enquêtes et les poursuites qu'il entend mener, en principe, sur les crimes les plus graves dans le cadre d'une situation donnée, qui touchent l'ensemble de la communauté internationale* » [340]. Finalement, cela va dans le sens des textes du Statut de Rome, et même de la pratique du droit international pénal en général, qui vise à réprimer les crimes les plus graves. Cependant, la précision tenant au fait que ces crimes « *touchent l'ensemble de la communauté internationale* » , semble plutôt relever de la gravité abstraite, qui permet d'ériger un crime en infraction internationale par nature. Or, c'est bien la gravité concrète qui est utilisée par le Procureur pour sélectionner ces affaires, car à l'inverse, cela signifierait qu'il sélectionnerait l'ensemble des affaires pour lesquelles une infraction internationale par nature a été commise. Cela montre à quel point la gravité n'est pas conceptualisée, et que des confusions quant à sa définition demeurent.

150. Quoi qu'il en soit, si le Document classe la gravité comme étant un critère de sélection des affaires, il précise que son analyse sera similaire à celle qui a lieu pour la

---

[339] *Ibid.*, §34.
[340] *Ibid.*, §.35.

gravité en tant que critère de recevabilité[341]. Une réserve est toutefois posée : « *de nombreuses affaires étant potentiellement recevables au regard de l'article 17, lors de l'évaluation de la gravité aux fins de leur sélection, il est possible que le Bureau applique des conditions plus strictes que celles qui sont légalement exigées pour déterminer la recevabilité au regard de ce même article* » [342]. Ainsi, il apparaît que la gravité concrète, en tant que critère de recevabilité, doit être analysée largement, tandis qu'une appréciation plus restrictive est possible pour le Procureur lorsqu'il sélectionne les affaires. Tout cela apparaît incohérent puisque finalement, l'analyse de la gravité en tant que critère de recevabilité permet également la sélection des affaires. Il y aurait donc des affaires suffisamment graves pour être recevables, mais pas assez graves pour que le Procureur les sélectionne afin de procéder à des enquêtes ou des poursuites. Cela peut également exprimer une volonté du Procureur de ne pas être tenu par la jurisprudence des Chambres en ce qui concerne la gravité concrète, afin de ne pas être contraint dans l'exercice de son pouvoir discrétionnaire. Cela signifie donc que la gravité est véritablement au service de l'opportunité des poursuites, et que le Procureur est libre dans l'appréciation qu'il en fait. Tout ceci montre l'élasticité du critère de gravité et le risque de dérives arbitraires, ainsi que la confusion que ce critère apporte.

151. Or, de telles craintes s'avèrent justifiées lorsqu'est analysée la pratique du Procureur, qui semble faire une utilisation abusive du critère de gravité concrète, dans le cadre de la sélection du contentieux.

---

[341] *Ibid.*, §.36.
[342] *Ibid.*, §.36.

L'utilisation abusive de la gravité concrète par le Procureur en pratique

152. Si la gravité concrète sert le pouvoir discrétionnaire du Procureur, cela signifie que le Procureur peut utiliser ce critère pour justifier d'ouvrir ou non une enquête, ou bien pour justifier sa décision de poursuivre ou de ne pas poursuivre. Or, l'absence de critères clairement définis pour apprécier la gravité concrète fait émerger un risque d'instrumentalisation de cette notion par le Procureur, et ce d'autant plus qu'il ne semble pas être contraint par l'appréciation privilégiée par la jurisprudence des Chambres. Le critère de gravité concrète joue un rôle très important dans la politique du Procureur, puisqu'il s'agit de la principale justification des refus d'enquêter du Procureur.

153. En effet, déjà en 2006, le Procureur a décidé de ne pas ouvrir d'enquête concernant la situation en Irak, sur le fondement de la gravité concrète[343]. Dans sa décision, il estime tout d'abord que la gravité concrète afférent au crime de guerre n'est pas suffisante, celle-ci exigeant que « *ces crimes s'inscrivent dans le cadre d'un plan ou d'une politique ou lorsqu'ils font partie d'une série de crimes analogues commis sur une grande échelle* » [344]. Il poursuit en indiquant que la gravité concrète en tant que condition de recevabilité, qu'il nomme « *l'exigence de gravité générale conformément à l'article 53-1 alinéa b)* » [345], n'est pas non plus satisfaite, du fait du « *nombre limité de victimes* » [346]. Plusieurs constats ressortent de cette

---

[343] CPI, Bureau du Procureur, *Réponse du BDP concernant les communications reçues à propos de l'Irak* (février 2006) à la p.8, en ligne : CPI <https://www.icc-cpi.int> [Bureau du procureur, *Réponse du BDP concernant les communications reçues à propos de l'Irak*].

[344] *Ibid.*, p.8.

[345] *Ibid.*

[346] *Ibid.*

décision. En effet, d'une part, il apparaît que le Procureur mène une double analyse de la gravité concrète, la première tenant à l'utilisation de la gravité concrète comme un critère de sélection, et la seconde correspondant à la gravité concrète en tant que condition de recevabilité. Or, en ce qui concerne l'utilisation de la gravité concrète comme un critère de sélection, le Procureur semble ici se référer à la gravité concrète du crime, en se fondant sur des indices apportés par le Statut de Rome dans la définition du crime de guerre[347]. Il s'agirait ainsi de l'analyse plus spécifique privilégiée par le Procureur[348], par opposition à une analyse plus générale de la gravité concrète en tant que condition de recevabilité, puisque le Procureur utilise pour cette hypothèse les termes de « *gravité générale* » . D'autre part, en ce qui concerne la seconde analyse du critère de gravité concrète, le Procureur se fonde sur une approche quantitative de la gravité en tenant compte uniquement du nombre limité de victimes. En réalité, cela peut s'expliquer par le fait que cette décision intervient avant les précisions jurisprudentielles quant à l'approche qualitative du critère de gravité concrète[349]. Il reste que la gravité concrète constitue ici la principale justification du refus d'ouvrir une enquête quant à la situation Irakienne, et semble aller dans le sens de la position de la jurisprudence de la Cour à l'époque.

154. Par la suite, le Procureur a réitéré le même type de décisions, et ce malgré les précisions jurisprudentielles

---

[347] Art. du 8 Statut de Rome (extrait) : « *...ces crimes s'inscrivent dans le cadre d'un plan ou d'une politique ou lorsqu'ils font partie d'une série de crimes analogues commis sur une grande échelle* » .

[348] CPI, Bureau du Procureur, *Document de politique générale relatif à la sélection et à la hiérarchisation des affaires*, 15 septembre 2016, §32, *op.cit*.

[349] Les précisions jurisprudentielles quant à l'analyse qualitative datent de 2010 ; cette décision de ne pas enquêter est de 2006.

intervenues en 2010 concernant l'approche qualitative de la gravité concrète. En effet, la situation des navires battant pavillon comorien, grec et cambodgien, a donné lieu à un débat sans fin entre le Procureur et les Chambres de la Cour pénale internationale. En 2014, suite à un examen préliminaire, le Procureur rend une décision de ne pas ouvrir d'enquête, considérant que « *les éventuelles affaires qui pourraient découler d'une enquête sur les évènements se rapportant à la flottille ne seraient pas suffisamment graves pour que la Cour y donne suite, à la lumière des critères de recevabilité énoncés à l'article 17-1-d et des éléments figurant à l'article 8-1 du Statut* » [350]. Le Procureur semble ici reprendre sa pratique de double analyse de la gravité concrète, à la fois au regard du crime, et au regard du critère de recevabilité de l'article 17-1 alinéa d), comme il l'a fait dans la situation Irakienne décrite précédemment. Suite à cette décision, les Comores ont saisi la Chambre préliminaire d'un recours, laquelle a demandé au Procureur de reconsidérer sa décision de ne pas ouvrir d'enquête. En effet, dans sa décision, la Chambre préliminaire considère que le Procureur n'a pas vérifié si parmi les groupes de personnes susceptibles de faire l'objet d'une enquête, se trouvaient des personnes risquant de porter la plus haute responsabilité[351]. Elle reproche également au Procureur de s'être fondé sur une analyse purement quantitative du nombre de victimes[352], sans s'intéresser aux allégations de traitements inhumains et de torture[353]. En outre, elle reproche au Procureur de ne pas

---

[350] CPI, *Situation relative aux navires battant pavillons comorien, grec et cambodgien*, Rapport établi au titre de l'article 53-1 du Statut, 6 novembre 2014, §24.

[351] CPI, Chambre Préliminaire 1, ICC-01/13-34, 16 juillet 2015, « *Decision on the request of the Union of the Comoros to review the Prosecutor's decision to initiate an investigation* » , §23.

[352] *Ibid.*, § § 25 et 26.

[353] *Ibid.*, §27.

avoir apprécié la gravité concrète au regard des éléments dégagés par la jurisprudence de la Cour. Le Procureur fera appel de cette décision, appel qui sera déclaré irrecevable par la Chambre d'Appel[354]. Contraint de réaliser un nouvel examen préliminaire, le Procureur décide à nouveau de ne pas ouvrir d'enquête en 2017[355]. S'ensuit le même débat ; la Chambre Préliminaire est saisie et va, dans une décision de 2018[356], demander au Procureur de reconsidérer sa décision. La Chambre d'Appel confirmera cette décision en 2019[357], et seulement trois mois plus tard, le Procureur rendra une troisième et dernière décision de ne pas ouvrir d'enquête[358]. Pour mettre fin à ce blocage, et en l'absence de pouvoirs de contrainte envers le Procureur, la Chambre préliminaire, contredit une nouvelle fois la décision du Procureur, sans toutefois l'inviter à reconsidérer sa

[354] Le Procureur fait appel de la décision le 27 juillet 2015 ; l'appel est déclaré irrecevable par la Chambre d'Appel le 6 novembre 2015.

[355] CPI, Bureau du Procureur, ICC-01/13, 29 novembre 2017, Situation on the registered vessels of the Union of the Comoros, the Hellenic Republic and the Kingdom of Cambodia, *Notice of Prosecutor's Final Decision under Rule 108(3)*.

[356] CPI, Chambre Préliminaire 1, ICC-01/13-68, 15 novembre 2018, Situation on the registered vessels of the Union of the Comoros, the Hellenic Republic and the Kingdom of Cambodia, Decision on the « *Application for Judicial Review by the Government of the Union of the Comoros* » .

[357] CPI, Chambre d'Appel, ICC-01/12 OA2, 2 septembre 2019, Situation on the registered vessels of the Union of the Comoros, the Hellenic Republic and the Kingdom of Cambodia, *Judgment on the appeal of the Prosecutor against Pre-Trial Chamber I's 'Decision on the « Application for Judicial Review by the Government on the Union of the Comoros »*.

[358] CPI, Bureau du Procureur, ICC-01/13-99, 2 décembre 2019, Situation on the registered vessels of the Union of the Comoros, the Hellenic Republic and the Kingdom of Cambodia, Notice of Prosecutor's Final Decision under rule 108(3), as revised and refiled in accordance with the Pre-Trial Chamber's request of 15 November 2018 and the Appeals Chamber's judgment of 2 September 2019.

décision. Toutes les divergences qui peuvent exister entre les Chambres et le Procureur apparaissent ainsi au travers de cette situation, et ce du fait du caractère insaisissable de la notion de gravité. Le Procureur a véritablement un pouvoir discrétionnaire quant à la sélection du contentieux, pouvoir discrétionnaire qui apparaît ici largement favorisée par le critère de gravité, qui finalement, peut être analysé de manière différente sans pour autant que la Cour ne puisse imposer ses exigences.

155. Cette utilisation du critère de la gravité dans le cadre de la situation des navires battant pavillons comorien, grec et cambodgien apparaît d'autant plus problématique que, dans le même temps, et pour la première fois depuis la création de la Cour, une affaire a été déclarée recevable alors qu'elle ne concerne que des atteintes aux biens. En effet, dans le cadre de l'affaire Ahmad Al Faqi, la Chambre préliminaire confirme l'analyse du Procureur en ce que « *l'indignation unanime de la communauté internationale et des personnes concernées vient étayer l'allégation du Procureur quant à la gravité de ces actes* » [359]. Cela montre à quel point l'appréciation de la gravité concrète peut varier d'une situation à l'autre, mais également que la discrétion du Procureur à ce sujet dérive vers l'arbitraire. En effet, « *des priorités différentes impliquent des priorités différentes en termes d'enquêtes* » [360]. Or, quelle est la priorité du Procureur lorsqu'il refuse l'ouverture d'une enquête en se justifiant d'une gravité insuffisante du fait notamment du nombre limité de victimes, quand dans le

---

[359] CPI, Ch. Prél. I, Al Mahdi, ICC-01/12-01/15, *Décision relative à la confirmation des charges portées contre Ahmad Al Faqi Al Mahdi*, 24 mars 2016, §39, *op.cit.*

[360] Mark J. Osiel, « How Should the ICC Office of the Prosecutor Choose Its Cases? The Multiple Meanings of 'Situational Gravity', *The Hague Justice Portal*, 2009, *op.cit.*, p.1.

même temps, il décide d'ouvrir une enquête pour une affaire concernant une atteinte aux biens ? Cela semble véritablement montrer que le critère de gravité est utilisé par le Procureur pour choisir son contentieux. Cette utilisation apparaît cependant arbitraire, puisque les choix qui sont faits sur ce fondement semblent incohérents.

156. De plus, cette utilisation du critère de gravité concrète apparaît également abusive en ce que la Chambre préliminaire n'a aucun pouvoir de contrainte lorsque le Procureur refuse d'ouvrir une enquête sur le fondement de la gravité concrète. En effet, d'après l'article 53 du Statut de Rome, c'est uniquement dans le cas où cette décision de ne pas poursuivre est fondée sur les considérations concernant les intérêts de la justice, que la Chambre préliminaire peut, de sa propre initiative, examiner cette décision. Et dans ce cas, le même article précise que « *la décision du Procureur n'a d'effet que si elle est confirmée par la Chambre préliminaire* » [361]. Or, la gravité doit être prise en compte par le Procureur lorsqu'il vérifie si l'ouverture d'une enquête servirait ou non les intérêts de la justice[362]. Il lui est donc tout à fait possible de contourner cette procédure en se fondant directement sur la gravité pour refuser d'ouvrir une enquête ou de poursuivre la procédure. Ainsi, en se fondant sur le critère de gravité concrète prévu à l'article 17-1-d) du Statut de Rome, le Procureur échappe à tout contrôle et peut ainsi utiliser de manière tout à fait discrétionnaire le critère de gravité dans sa politique pénale.

---

[361] Art. 53-3 alinéa b) du Statut de Rome : « *De plus, la Chambre préliminaire peut, de sa propre initiative, examiner la décision du Procureur de ne pas poursuivre si cette décision est fondée exclusivement sur les considérations visées au paragraphe 1, alinéa c), et au paragraphe 2, alinéa c). En tel cas, la décision du Procureur n'a d'effet que si elle est confirmée par la Chambre préliminaire* » .
[362] Art. 53-1 alinéa c) du Statut de Rome.

157. L'utilisation du critère de la gravité concrète par le Procureur apparaît ainsi abusive, ce qui semble confirmer les craintes de dérives arbitraires et d'instrumentalisation du critère de gravité. En réalité, tout cela semble démontrer que la gravité en droit international pénal, est au service d'une justice politisée (2).

2. La gravité au service d'une justice politisée

158. Finalement, la gravité donne d'importants pouvoirs au Procureur, desquels peuvent naître des pratiques arbitraires. Si à l'origine, la gravité semblait servir à restreindre l'action du Procureur, il apparaît que c'est l'hypothèse inverse qui se produit, ce qui montre à quel point ce critère de gravité est inopérant. Or, si le Procureur peut décider discrétionnairement de ne pas enquêter du fait de la gravité, cela peut également permettre au Procureur de ne pas poursuivre du fait de pressions politiques tout en se justifiant par un critère prévu par le Statut. En effet, la gravité semble être au service d'une justice politisée, et cela est dénoncé par de nombreuses critiques considérant l'action du Bureau du Procureur discriminatoire du fait des lieux géographiques concernés. Au regard des situations traitées par la Cour pénale internationale, il ressort qu'elles concernent exclusivement des États du continent africain[363], et parmi lesquels deux États ne sont pas parties au Statut de Rome, et ont donc vu s'imposer la justice pénale internationale par une saisine du Conseil de Sécurité

[363] Concernant uniquement les situations ayant donné lieu à des enquêtes d'affaire, sans tenir compte des seuls examens préliminaires ouverts : Darfour (Soudan), Libye, Congo, Kenya, Côte d'Ivoire, Mali, Ouganda, République centrafricaine.

de l'ONU[364]. Cette répartition géographique du contentieux de la Cour apparaît critiquable, et c'est notamment le cas de l'idée qui consisterait à dire que seules ces situations ont été considérées comme suffisamment graves pour déclencher la compétence juridictionnelle de la Cour. Cela semble surtout exprimer l'état des relations internationales, ainsi qu'un rapport de force entre les grandes puissances et d'autres États moins puissants.

159. En réalité, les décisions de ne pas ouvrir d'enquête du Procureur, majoritairement fondées sur la gravité, participent à renvoyer une telle image de la justice pénale internationale. D'une part, en ce qui concerne la situation Irakienne, pour laquelle le Procureur a décidé de ne pas ouvrir d'enquête du fait du nombre « *limité de victimes* » [365], celle-ci concernait des exactions commises par des soldats britanniques, et notamment des faits de torture, d'homicide et de viols, dans le cadre du conflit irakien. Or, comment ne pas penser que la Cour n'ait pas souhaité s'en prendre à des ressortissants d'un État puissant, d'autant que les communications reçues par le Bureau du Procureur n'émanaient pas de l'État du Royaume-Uni, mais de particuliers ou d'ONG, ce qui semble exprimer une réticence du Royaume-Uni à ce que des poursuites de la Cour aient lieu. De plus, un nouvel examen préliminaire a été ouvert en 2014, sur la basc de nouveaux éléments, qui a

---

[364] Il s'agit des situations au Darfour (Soudan) et en Libye ; l'article 13 du Statut de Rome prévoit que la Cour peut être saisie par une résolution du Conseil de Sécurité de l'ONU. Or l'article 12 du Statut précise que la Cour est compétente à l'égard des Etats parties uniquement dans le cas d'une saisine par un Etat ou par le Procureur, ce qui indique qu'une saisine du Conseil de Sécurité de l'ONU peut porter sur des États non parties au Statut.

[365] Bureau du Procureur, *Réponse du BDP concernant les communications reçues à propos de l'Irak* (février 2006) à la p 8, *op.cit.*

été clos en 2020 sur le fondement de la complémentarité[366]. Il ressort en effet du rapport du Procureur qu'une action judiciaire a été menée au Royaume-Uni, et que l'absence de poursuites des individus ne traduisait pas une volonté de soustraire ceux-ci à l'engagement de leur responsabilité pénale. Pourtant, le Bureau du Procureur énonce également dans son rapport une inquiétude quant aux « *conséquences de l'inaptitude initiale des autorités britanniques à conduire des enquêtes indépendantes et impartiales pendant et immédiatement après le conflit en Iraq, ainsi que de la lenteur à lancer des enquêtes pertinentes résultant de cette inaptitude* » [367]. Ces contradictions semblent aller dans le sens de l'existence d'ingérences politiques dans la justice pénale internationale.

160. Une critique similaire peut être faite en ce qui concerne la situation des navires battant pavillon comorien, grec et cambodgien, plus connue sous le nom *« d'affaire du Mavi Marmara »*, puisqu'il s'agissait d'un assaut mené par des forces israéliennes. Or, l'obstination du Procureur à refuser d'ouvrir une enquête semble également exprimer une volonté de ne pas intervenir dans le cadre d'une situation aux conséquences géopolitiques complexes, dans un contexte où le Président des États Unis demande au Président Israélien de présenter des excuses, et où l'urgence semblait plutôt consister en le rétablissement des relations diplomatiques entre les États concernés[368]. Les relations

---

[366] CPI, Bureau du Procureur, *Situation en Iraq/Royaume-Uni*, Rapport final (Extrait), Résumé analytique et conclusion, 9 décembre 2020, §.35, *op. cit.*

[367] *Ibid.*, §. 33.

[368] « Mavi-Marmara » , l'affaire qui a consommé la rupture entre Israël et la Turquie », *Le Monde*, 27 mai 2014, https://www.lemonde.fr/proche-orient/article/2014/05/27/mavi-marmara-l-affaire-qui-a-consomme-la-rupture-entre-israel-et-la-turquie_4426366_3218.html

internationales semblaient prendre le dessus sur la nécessité de faire justice, et il est possible de penser que cela a influencé la position du Procureur dans le cadre de cette situation.

161. Enfin, l'aspect politisé de la justice pénale internationale apparaît plus explicite encore dans le cadre de la situation afghane, même si ici, c'est la position de la Chambre préliminaire qui pose question. En effet, dans le cadre de cette situation, le Procureur a demandé l'autorisation d'ouvrir une enquête pour des allégations de crime contre l'humanité et de crime de guerre commis par des soldats américains en Afghanistan. Cette information a donné lieu à de vives réactions aux États Unis, où le président américain Donald Trump a proféré de nombreuses menaces envers la Cour et ses magistrats[369]. Par la suite, la Chambre préliminaire a refusé d'autoriser le Procureur à ouvrir une enquête dans le cadre de cette situation, considérant que cela porterait atteinte aux intérêts de la justice, en vertu de l'article 53-1 alinéa c)[370]. La Chambre préliminaire argumente en pointant l'incertitude de la coopération qui pourrait mener à une enquête aux coûts financiers importants, au détriment d'autres situations[371]. La Chambre d'Appel a par la suite infirmé cette décision, reprochant notamment à la Chambre préliminaire de ne pas avoir pris en considération la gravité

---

[369] « Donald Trump menace de sanctions les magistrats de la Cour pénale internationale », *Le Monde*, 11 juin 2020, https://www.lemonde.fr/international/article/2020/06/11/la-cour-penale-internationale-dans-le-viseur-de-washington-ses-magistrats-menaces-de-sanctions_6042545_3210.html

[370] CPI, ChPrél. II, ICC-02/17-33, 12 avril 2019, Situation in the Islamic Republic of Afghanistan, « *Decision Pursuant to Article 15 of the Rome Statute on the Authorisation of an Investigation into the Situation in the Islamic Republic of Afghanistan* », § § 95, 96.

[371] *Ibid.*

des crimes ainsi que les intérêts des victimes pour analyser si une enquête servirait ou non les intérêts de la justice[372]. En réalité, la justification bancale de la Chambre préliminaire, ainsi que son appréciation de la gravité qui, certes, pour aboutir à une justification fondée sur les intérêts de la justice, demeure une appréciation de la gravité insatisfaisante, montre que celle-ci a peut-être pris en compte les menaces proférées par le Président américain.

162. Ainsi, la gravité apparaît être un véritable outil permettant de justifier un refus d'ouvrir une enquête, alors même que ce refus est parfois plutôt influencé par le contexte géopolitique. Ces exemples apparaissent véritablement exprimer ce qu'est la gravité en droit international pénal : une notion insaisissable et instrumentalisée. En effet, la gravité concrète, dans sa fonction de répartition du contentieux, fait apparaître avec plus de clarté encore que la gravité abstraite, l'instrumentalisation qui peut être faite de ce critère, de la création des juridictions pénales internationales jusqu'à la sélection du contentieux par le Procureur et les Chambres préliminaires.

---

[372] CPI, Chambre d'Appel, ICC-02/17 OA4, 5 mars 2020, Situation in the Islamic Republic of Afghanistan, « *Judgement on the appeal against the decision on the authorisation of an investigation into the situation in the Islamic Republic of Afghanistan* » , §.22.

CONCLUSION

163. Il résulte de l'ensemble de cette analyse que le critère de gravité n'est pas un critère pertinent en droit international pénal. Cette notion n'est jamais définie, ni par les textes, ni par la jurisprudence qui s'efforce pourtant de dégager des indices quant à son appréciation, indices qui demeurent insuffisants. L'utilisation même de ce critère en droit international pénal ne fait qu'apporter de la confusion quant à son rôle et à sa définition.

164. S'il se dégage deux acceptions de la notion de gravité en droit international pénal, il demeure extrêmement difficile de conceptualiser cette notion au regard de cette distinction, tant l'utilisation de la gravité est variable. Il reste que c'est bien la gravité abstraite qui fait la particularité de la catégorie des infractions internationales par nature, et qui, de ce fait, semble justifier ce qui s'apparente à un droit dérogatoire. La gravité concrète semble quant à elle être un véritable outil de sélection du contentieux des juridictions pénales internationales, avec toutes les dérives arbitraires que cela implique. Ainsi, les deux acceptions de la gravité semblent finalement avoir un rôle similaire : celui de la conciliation de la justice pénale internationale et de la souveraineté. En effet, entre dérogations aux principes fondamentaux du droit pénal, et dérogations au principe de souveraineté, la notion de gravité semble exprimer toutes les difficultés tenant à la nature hybride du droit international pénal, et aux incompatibilités qui peuvent résulter de la jonction du droit pénal et du droit international. Elle est également l'expression de l'aspect politique de cette justice. Il s'agit véritablement d'une notion insaisissable et instrumentalisée.

165. Or en réalité, les difficultés apportées par le critère de gravité en droit international pénal risquent de perdurer. La gravité est une notion très utilisée en droit pénal interne, sans pour autant qu'elle ne soit définie. Mais son omniprésence et son ancrage en droit pénal ne semblent pas permettre d'envisager de se passer d'un tel critère. C'est d'autant plus le cas en droit international pénal puisque la gravité revêt ici également un important caractère symbolique. Ce serait dénaturer le droit international pénal que de bannir complètement cette notion. Il reste que la gravité est une notion qui ne peut constituer un critère pertinent en droit international pénal. Ainsi, il semblerait donc que ce soit la conceptualisation juridique de cette notion qui pose véritablement problème, et sans doute faudrait-il songer à imposer de véritables critères pour permettre de mieux saisir cette notion de gravité, et ainsi rendre la justice pénale internationale plus objective, exempte de toute influence politique.

BIBLIOGRAPHIE

I. Dictionnaires généraux et lexiques juridiques

CORNU Gérard, *Vocabulaire juridique*, 13e édition, PUF, 2020.

Dictionnaire en ligne du Centre national de ressources textuelles et lexicales.

II. Manuels et ouvrages juridiques

ALIX Julie et DARSONVILLE Audrey, *Gravité et droit pénal,* Mare & Martin, 2021.

ASCENSIO Hervé, DECAUX Emmanuel et PELLET Alain, *Droit international pénal*, Paris, Pedone, 2012.

BEAUVAIS Pascal, « Les mutations de la souveraineté pénale » , in Cohen, Dany and Denis-Linton, Martine and Dupeux, Jean-Yves, L'exigence *de justice: mélanges en l'honneur de Robert Badinter*, Dalloz, 2016.

BECCARIA Cesare, *Des délits et des peines*, publié en 1764, version : GF Flammarion, 1991.

BELLIVIER Florence, EUDES Marina, FOUCHARD Isabelle, *Droit des crimes internationaux*, PUF - Thémis droit, 1er édition, octobre 2018.

BOULOC. B., *Droit pénal général*, 2017, Dalloz

CASSESE Antonio et DELMAS-MARTY Mireille, *Crimes internationaux et juridictions internationales,* Paris, PUF, 2002.

DE FROUVILLE Olivier, *Droit international pénal, Sources, Incrimination, Responsabilité*, A. Pedone, 2e édition, 2012,

DELMAS-MARTY Mireille, *Les grands systèmes de politique criminelle*, PUF, collection *Thémis*, 1992.

DONNEDIEU DE VABRES Henri, *Les principes modernes du droit pénal international*, Librairie du Recueil Sirey, 1928.

FERNANDEZ Julien, PACREAU Xavier, UBEDA-SAILLARD Muriel, Statut de Rome, Commentaire article par article, Tome I, A.Pedone, 2e édition, 2019.

LEMKIN Raphaël, *Qu'est-ce qu'un génocide ?*, Paris, Ed. du Rocher, Coll. « Démocratie et totalitarisme », 2008.

LOMBOIS Claude, *Droit pénal international*, Paris, Dalloz, 1971.

MAYAUD Yves, Droit Pénal Général, PUF, 6e édition, 2018.

PLAWSKI Stanislaw, *Etude des grands principes fondamentaux du droit international pénal,* Paris, Librairie générale de droit et de jurisprudence, 1972.

PIN Xavier, *Droit pénal général*, Dalloz, 11e édition, 2020.

III. <u>Thèse</u>

BARDET Marie, *La notion d'infraction internationale par nature, Essai d'une analyse structurelle, Bordeaux*, 2020,

IV. <u>Doctrine</u>

AYAT, M. « Justice pénale internationale pour la paix et la réconciliation » , in International *Criminal Law Review 2007*, 7(2-3), 391-424.

BASSIOUNI, Cherit, « Expérience des premières juridictions pénales internationales » , in ASCENSIO Hervé, DECAUX Emmanuel et PELLET Alain, *Droit international pénal*, Paris, Pedone, 2012, p.733.

BITTI Gilbert, « Commentaire de l'article 53 du Statut de Rome » , in FERNANDEZ Julien, PACREAU Xavier, UBEDA-SAILLARD Muriel, Statut de Rome, Commentaire article par article, Tome I, A.Pedone, 2e édition, 2019, p. 1448.

CARTUYVELS Yves, « La gravité au cœur du droit pénal, un détour par l'histoire de la pensée pénale moderne » , in ALIX Julie et DARSONVILLE Audrey, *Gravité et droit pénal,* Mare & Martin, 2021, p. 23.

CHAUMETTE Anne-Laure. « Les personnes pénalement responsables » , in ASCENSIO Hervé, DECAUX Emmanuel et PELLET Alain, *Droit international pénal*, Paris, Pedone, 2012, p.477.

DAVID Éric, « La Cour pénale internationale (Volume 313) » , in: *Collected Courses of the Hague Academy of International Law*. 2005.

DELMAS-MARTY Mireille, « Les crimes internationaux peuvent-ils contribuer au débat entre universalisme et relativisme des valeurs ? » , CASSESE Antonio et DELMAS-MARTY Mireille, *Crimes internationaux et juridictions internationales,* Paris, PUF, 2002, p.59.

DONNEDIEU DE VABRES, H., « Le procès de Nuremberg devant les principes modernes du droit pénal international (Volume 70) » , in: *Collected Courses of the Hague Academy of International Law*; 1947.

JUROVICS Yann, « Le procès international pénal face au temps » , *Revue de Science Criminelle*, 2001, p. 781.

LEMASSON Aurélien, « Justice internationale pénale : institutions » , in *Répertoire de droit pénal et de procédure pénale*, Dalloz, 2019.

LEMASSON Aurélien, TRUCHE Pierre, BOURETZ Pierre, « Justice internationale pénale : crimes » , in *Répertoire de droit pénal et de procédure pénale*, Dalloz, 2019.

MAGNOUX Claire. « The Sound of Silence : le pouvoir discrétionnaire du procureur de la Cour pénale internationale à travers l'utilisation des critères d'intérêts de la justice et de gravité lors de l'ouverture d'une enquête »,, R*evue Québécoise de droit international*, volume 1-1, 2017, p. 9.

MBAYE Abdoul Aziz, SHOAMANESH Sam Sasan, « Commentaire de l'article 17 du Statut de Rome » , in FERNANDEZ Julien, PACREAU Xavier, UBEDA-SAILLARD Muriel, Statut de Rome, Commentaire article par article, Tome I, A.Pedone, 2e édition, 2019, p. 867.

LALY-CHEVALIER Caroline et MARIE Elsa, « Commentaire de l'article 5 du Statut de Rome » , in FERNANDEZ Julien, PACREAU Xavier, UBEDA-SAILLARD Muriel, Statut de Rome, Commentaire article par article, Tome I, A.Pedone, 2e édition, 2019, p. 517.

PARIZOT Raphaële, « Gravité et théorie des biens juridiques protégés » , ALIX Julie et DARSONVILLE Audrey, *Gravité et droit pénal,* Mare & Martin, 2021, p. 103.

VERNY Edouard, « Gravité de l'infraction et prescription de l'action publique » , ALIX Julie et DARSONVILLE Audrey, *Gravité et droit pénal,* Mare & Martin, 2021, p. 219

OSIEL Mark, « How Should the ICC Office of the Prosecutor Choose Its Cases? The Multiple Meanings of 'Situational Gravity'», The *Hague Justice Portal*, 2009, 7 pages

V. Instruments internationaux

Travaux et rapports de l'Organisations des Nations Unies

Rapport de la Commission du droit international sur les travaux de sa quarante-huitième session (6 mai-26 juillet 1996), Document A/51/10.

Treizième rapport sur le projet de Code des crimes contre la paix et la sécurité de l'humanité, Doc. NU A/CN. 4/466, 1995.

NATIONS UNIES, Conseil économique et social, *Projet de Convention sur le crime de génocide*, Doc. off. n°E/447, 26 juin 1947.

NATION UNIES, Conseil économique et social, *Rapport du comité et projet de convention élaboré par le Comité*, doc. off. E/794, 26 mai 1948.

Déclarations, Traités et Conventions :

Déclaration internationale des droits de l'homme et du citoyen, 1929, Institut de droit international.

Pacte de Briand Kelogg du 27 août 1928.

Traité de non-agression germano-polonais du 26 janvier 1934.

Traité de non-agression germano-soviétique du 23 août 1939.

Règlements des lois et coutumes de la guerre sur terre annexés aux deux conventions de
La Haye (1899 et 1907)

Convention de Genève du 22 août 1864 *pour l'amélioration du sort des blessés et malades dans les armées en campagne*, révisée d'abord en 1906, puis en 1929.

Convention sur l'imprescriptibilité des crimes de guerre et des crimes contre l'humanité, 26 novembre 1968, entré en vigueur 11 novembre 1970.

Convention pour la prévention du crime de génocide du 9 décembre 1948.

Convention sur la prévention et la répression des infractions contre les personnes jouissant d'une protection internationale, y compris les agents diplomatiques adoptée par l'Assemblée générale des Nations Unies le 14 décembre 1973.

Convention des Nations Unies contre la criminalité transnationale organisée, adoptée par l'Assemblée générale des Nations Unies le 15 novembre 2000.

Tribunaux Militaires Internationaux :

Accord concernant la poursuite et le châtiment des grands criminels de guerre des Puissances européennes de l'Axe, Londres 8 août 1945

Statut du Tribunal Militaire International de Nuremberg, 8 août 1945.

Statut du Tribunal Militaire International pour l'Extrême-Orient, dit « Tribunal Militaire International de Tokyo ».

Tribunaux Pénaux Internationaux :

Résolution 808 adoptée par le Conseil de sécurité de l'ONU à sa 3175e séance, le 22 février 1993 portant création du Tribunal Pénal International pour l'ex-Yougoslavie.

Statut du Tribunal Pénal International pour l'ex-Yougoslavie du 25 mai 1993.

Règlement de preuve et de procédure du Tribunal Pénal International pour l'ex-Yougoslavie du 11 février 1994.

Résolution 955 adoptée par le Conseil de sécurité de l'ONU à sa 3454e séance, le 8 novembre 1994 portant création du Tribunal Pénal International pour le Rwanda.

Statut du Tribunal Pénal International pour le Rwanda du 8 novembre 1994.

Règlement de preuve et de procédure du Tribunal Pénal International pour le Rwanda du 29 juin 1995.

Cour pénale internationale :

Statut de Rome de la Cour pénale internationale du 17 juillet 1998, entré en vigueur le 1er juillet 2002.

Règlement de procédure et de preuve de la Cour pénale internationale du 10 septembre 2002.

Règlement du Bureau du Procureur de la Cour pénale internationale du 23 avril 2009.

Cour pénale internationale, Bureau du Procureur, *Document de politique générale relatif à la sélection et à la hiérarchisation des affaires*, 15 septembre 2016.

Résolution RC/Res 6, *Conférence de révision du Statut de Rome de la Cour pénale internationale*, à Kampala, le 11 juin 2010, ajoutant des amendements sur le crime d'agression du Statut de Rome de la Cour pénale internationale.

VI. Instruments européens

Conseil de l'Europe

Convention européenne de sauvegarde des droits de l'Homme, Conseil de l'Europe, 4 novembre 1950, entré en vigueur le 3 septembre 1953.

Union Européenne

Traité de Lisbonne, signé le 13 décembre 2007, entré en vigueur le 1er décembre 2009

Traité sur le fonctionnement de l'Union européenne.

VII. Instruments nationaux

Code pénal français.

VII. Articles de presse

« Mavi-Marmara » , l'affaire qui a consommé la rupture entre Israël et la Turquie » , ***Le Monde***, 27 mai 2014, https://www.lemonde.fr/proche-orient/article/2014/05/27/mavi-marmara-l-affaire-qui-a-consomme-la-rupture-entre-israel-et-la-turquie_4426366_3218.html

« Donald Trump menace de sanctions les magistrats de la Cour pénale internationale » , ***Le Monde***, 11 juin 2020, https://www.lemonde.fr/international/article/2020/06/11/la-cour-penale-internationale-dans-le-viseur-de-washington-ses-magistrats-menaces-de-sanctions_6042545_3210.html

VIII. Jurisprudence

Cour internationale permanente de Justice

CIJ, affaire du Lotus, 1927, 7 septembre, Série A, Rec., disponible :

CIJ, n°8126-2, arrêt du 14 février 2002, *affaire relative au mandat d'arrêt du 11 avril 2000*, République démocratique du Congo c. Belgique., disponible :

Tribunal Militaire International de Nuremberg

Tribunal Militaire International de Nuremberg, 14 novembre 1945 - 1er octobre 1946, *Procès des grands criminels de guerre*,

Tribunal Pénal International pour l'ex-Yougoslavie

Affaire Dusko Tadíc :

- TPIY, Chambre d'appel, 2 octobre 1995, IT-94-1, Affaire Dusko Tadíc, *arrêt relatif à l'appel de la défense concernant l'exception préjudicielle d'incompétence.*
- TPIY, Chambre d'appel, 15 juillet 1999, IT-94-1-A, *Le Procureur c. Dusko Tadíc.*

Affaire Vasiljević

- TPIY, Ch. II, jugement Vasiljević, IT-98-32-T, 29 novembre 2002.

Cour pénale internationale

Affaire Al Bashir

CPI, Chambre d'appel, ICC-02/05-01/09 OA2, 6 mai 2019, *Judgement in the Jordan Referral re Al-Bashir Appeal,* Affaire Al-Bashir

Affaire Abu Garda

CPI, ChPrél. I, Abu Garda, ICC-02/05-02/09-243-Red-tFRA, *Décision relative à la confirmation des charges, 8 février 2010*

Affaire Al Madhi

CPI, ChPrél. I, Al Mahdi, ICC-01/12-01/15, *Décision relative à la confirmation des charges portées contre Ahmad Al Faqi Al Mahdi*, 24 mars 2016.

Affaire Lubanga

- CPI, ChPrél. I, *Le Procureur c Thomas Lubanga Dyilo*, ICC-01/04-01/06-8-US, Décision relative à la Requête du Procureur aux fins de délivrance d'un mandat d'arrêt en vertu de l'article 58 (24 février 2006) en ligne :

- CPI, Ch.Appel, *Le Procureur c Thomas Lubanga Dyilo*, ICC-01/04-169-tFRA, Arrêt relatif à l'appel interjeté par le Procureur contre la décision de la Chambre préliminaire I intitulée « Décision relative à la requête du Procureur aux fins de délivrance de mandats d'arrêt en vertu de l'article 58 » (13 juillet 2006)

Situation Afghane

- CPI, ChPrél. II, ICC-02/17-33, 12 avril 2019, Situation in the Islamic Republic of Afghanistan, « *Decision Pursuant to Article 15 of the Rome Statute on the Authorisation of an Investigation into the Situation in the Islamic Republic of Afghanistan* » .

- CPI, Chambre d'Appel, ICC-02/17 OA4, 5 mars 2020, Situation in the Islamic Republic of Afghanistan, « *Judgement on the appeal against the decision on the authorisation of an investigation into the situation in the Islamic Republic of Afghanistan* ».

Situation des navires battant pavillon comorien, grec et cambodgien

- CPI, *Situation relative aux navires battant pavillons comorien, grec et cambodgien*, Rapport établi au titre de l'article 53-1 du Statut, 6 novembre 2014.

- CPI, Chambre Préliminaire 1, ICC-01/13-34, 16 juillet 2015, « *Decision on the request of the Union of the Comoros to review the Prosecutor's decision to initiate an investigation*

- *CPI, Bureau du Procureur, ICC-01/13, 29 novembre 2017, Situation on the registered vessels of the Union of the Comoros, the Hellenic Republic and the Kingdom of Cambodia, Notice of Prosecutor's Final Decision under Rule 108(3).*

- CPI, Chambre Préliminaire 1, ICC-01/13-68, 15 novembre 2018, *Situation on the registered vessels of the Union of the Comoros, the Hellenic Republic and the Kingdom of Cambodia, Decision on the « Application for Judicial Review by the Government of the Union of the Comoros* ».

- CPI, Chambre d'Appel, ICC-01/12 OA2, 2 septembre 2019, *Situation on the registered vessels of the Union of the Comoros, the Hellenic Republic and the Kingdom of Cambodia, Judgment on the appeal of the Prosecutor against Pre-Trial Chamber I's 'Decision on the « Application for Judicial Review by the Government on the Union of the Comoros* ».

- CPI, Bureau du Procureur, ICC-01/13-99, 2 décembre 2019, *Situation on the registered vessels of the Union of the Comoros, the Hellenic Republic and the Kingdom of*

Cambodia, Notice of Prosecutor's Final Decision under rule 108(3), as revised and refiled in accordance with the Pre-Trial Chamber's request of 15 November 2018 and the Appeals Chamber's judgment of 2 September 2019.

Situation en République de Côte d'Ivoire

CPI, ChPrél. III, *Situation en République de Côte d'Ivoire*, ICC-02/11-14-Corr-tFRA, *Rectificatif à la Décision de Côte d'Ivoire rendue en application de l'article 15 du Statut de Rome*, 15 novembre 2011.

Situation en République démocratique du Congo

CPI, Chambre préliminaire I, 17 janvier 2006, situation en République démocratique du Congo, ICC-01/04-101-Corr., *Décision sur les demandes de participation à la procédure de VPRS 2, VPRS 3, VPRS 4, VPRS 5 et VPRS 6*, version publique expurgée, 17 janvier 2006.

Situation en Irak

CPI, Bureau du Procureur, *Réponse du BDP concernant les communications reçues à propos de l'Irak* février 2006.

CPI, Bureau du Procureur, *Situation en Iraq/Royaume-Uni*, Rapport final (Extrait), Résumé analytique et conclusion, 9 décembre 2020.

Situation au Kenya

CPI, ChPrél. II, Situation au Kenya, ICC-01/09-19, Décision relative à la demande d'autorisation d'ouvrir une enquête dans le cadre de la situation en République du Kenya rendue en application de l'article 15 du Statut de Rome, 31 mars 2010.

Situation au Vénézuela

CPI, Bureau du Procureur, Décision de ne pas enquêter du 9 février 2006 concernant la situation au Vénézuela;

Conseil constitutionnel français

Conseil Constitutionnel, décision n°2014-439 QPC du 23 janvier 2015, M.Ahmed S, *Déchéance de nationalité.*

Cour de Cassation française

Cour de Cassation, Chambre Criminelle, 21 mars 1862, S, 1862. I. 542, rapport Faustin Hélie, concl. Savary.

Cour de Cassation, Chambre Criminelle, n°1414, 13 mars 2001, *Affaire Gaddafi.*

TABLE DES MATIÈRES

Structures éditoriales du groupe L'Harmattan

L'Harmattan Italie
Via degli Artisti, 15
10124 Torino
harmattan.italia@gmail.com

L'Harmattan Hongrie
Kossuth l. u. 14-16.
1053 Budapest
harmattan@harmattan.hu

L'Harmattan Sénégal
10 VDN en face Mermoz
BP 45034 Dakar-Fann
senharmattan@gmail.com

L'Harmattan Cameroun
TSINGA/FECAFOOT
BP 11486 Yaoundé
inkoukam@gmail.com

L'Harmattan Burkina Faso
Achille Somé – tengnule@hotmail.fr

L'Harmattan Guinée
Almamya, rue KA 028 OKB Agency
BP 3470 Conakry
harmattanguinee@yahoo.fr

L'Harmattan RDC
185, avenue Nyangwe
Commune de Lingwala – Kinshasa
matangilamusadila@yahoo.fr

L'Harmattan Congo
219, avenue Nelson Mandela
BP 2874 Brazzaville
harmattan.congo@yahoo.fr

L'Harmattan Mali
ACI 2000 - Immeuble Mgr Jean Marie Cisse
Bureau 10
BP 145 Bamako-Mali
mali@harmattan.fr

L'Harmattan Togo
Djidjole – Lomé
Maison Amela
face EPP BATOME
ddamela@aol.com

L'Harmattan Côte d'Ivoire
Résidence Karl – Cité des Arts
Abidjan-Cocody
03 BP 1588 Abidjan
espace_harmattan.ci@hotmail.fr

Nos librairies en France

Librairie internationale
16, rue des Écoles
75005 Paris
librairie.internationale@harmattan.fr
01 40 46 79 11
www.librairieharmattan.com

Librairie des savoirs
21, rue des Écoles
75005 Paris
librairie.sh@harmattan.fr
01 46 34 13 71
www.librairieharmattansh.com

Librairie Le Lucernaire
53, rue Notre-Dame-des-Champs
75006 Paris
librairie@lucernaire.fr
01 42 22 67 13

www.ingramcontent.com/pod-product-compliance
Lightning Source LLC
LaVergne TN
LVHW021211061026
849535LV00008B/2683
9782140315039